Introduction to Public Law

公法入門【第3版】

小泉洋一・島田 茂 編
Koizumi Yoichi & Shimada Shigeru

法律文化社

第3版はしがき

　第2版を刊行して5年以上が経過した。法学の教科書は，法令の改正や新判例の登場等によって刊行した次の日から古くなることが宿命づけられている。そこで，主として情報を新しいものとすることを目的として改訂を行ったのが，この第3版である。

　本書はもともと甲南大学法学部における1年次前期配当科目「公法入門」用の教科書として企画・刊行された。中心となって執筆・編集に尽力された小泉洋一・島田茂両先生は既に退職され，公法担当のスタッフは大きく入れ替わった。そこで全面的に見直すことも考えたものの，小泉・島田両先生によってよく考えられた内容を根本的に書き換えることは容易なことではなく，また他大学でも使用していただいているので望ましいことでもないと考え，情報の更新にとどめた（島田先生担当箇所については小舟賢先生に尽力いただいた）。ただし，第10講「地方自治」については，神戸市との連携講義「自治体のしくみと仕事」が開講されることもあり，全面的に改めた。

　本書執筆の趣旨は初版から変わっていない。多くの読者にとって公法の基礎知識と基本的な考え方の修得に役立てば幸いである。

　2021年6月

櫻 井 智 章

目　　次

法を学び始める人へ

みなさんは公法を学び始めようとしています。

公法は国や地方自治体，さらには国際社会に関わる法です。これを勉強するということは大きな意義があります。なぜなら，従来よりもわれわれ1人1人の生活が，国，地方自治体，国際社会からますます大きな影響を受けているからです。公法を学習すれば，みなさんが社会で活躍する場がひろがり，みなさんにとって大きなプラスとなることでしょう。そのうえ，みなさんが，よりよい国際社会，国家，社会，職場や家庭を築いていくのにも，公法の勉強が役に立つはずです。やる気が湧いてきましたか。

しかし，法をこれまで勉強したことがないし，法律は専門用語ばかりでむずかしそうだと思っていませんか。高校までの勉強を終えた人なら大丈夫です。そのような人に法と公法の基礎を学んでもらうために本書が企画されました。

われわれ執筆者は，みなさんに公法の全体像を把握していただくとともに，公法の最も基本的な考え方や基礎知識を習得してもらえるように努めました。これらは，公法や他の法を本格的に学ぼうとする人にとって，ぜひとも最初にしていただきたいことだからです。また本書を通して，みなさんは，これから公法に関して勉強すべき課題，考えるべき課題も知ることができます。

本書は，みなさんがよく見聞きするいくつかの事項にしぼって，公法の初歩をできるだけ平易に記述しています。しかし注意してほしいことがあります。ただ漫然と文字面を追うのではなく，よく考えながら読むということです。また本書の説明で参照規定を示しているときには，必ず各自，「六法全書」でその規定を確認しましょう。「六法全書」をみればみるほど理解は正確なものとなると思っていただいて間違いありません。なお本書には多くの図表がありま

す。これがみなさんの理解を助けてくれるでしょう。また,「コラム」では,公法の学びに有益な情報やエピソードに接することができるはずです。

　各講末ではみなさんの自習のための課題も掲げておきました。その課題は,本書をきちんと理解すれば答えられます。ぜひ,この自習課題によって各自の理解をチェックするとともに,学習を発展させてください。もし課題についての考え方がわからない場合,身近に公法の先生がいれば質問するとよいでしょう。また,独学の場合には本書の「おわりに」にある参考文献を一読することをお勧めします。

　本書で「憲法」と表記しているのは原則として「日本国憲法」を指します。法律名も各講で略称を使っていることがありますので注意してください。また,法の初学者にとって理解しやすくするために,あえて細かな説明をはぶいたり,大まかな記述だけをしていたりするところがあります。この点あらかじめご了承ください。本書での学習に続き公法の勉強をさらに進めていくと,本書の記述が細かな部分で中途半端であることがわかるでしょう。そのとき,みなさんは自分の公法の理解がレベルアップしたと確信していいはずです。

　本書は,甲南大学法学部において2004年以来毎年行ってきた「公法入門」の講義で,公法担当教員全員が積み重ねてきた経験をもとにして,出版しました。本書が入門講義の形式をとっているのはそのためです。もちろん本書の内容は諸先生方や諸学兄の研究成果に負うことが大きいのですが,文献の引用などは一切はぶかせていただきました。この点もお許しください。なお,われわれは法学入門教育の観点から本書をさらによいものにしたいと望んでいます。この点について,本書を手にしていただいた先生方,学生諸君その他読者の方々のご意見をお聞かせください。

　本書を通して多くの人が公法を学び始め,法を学ぶ基礎を習得し,さらに勉強しようとの意欲を強くすることを願ってやみません。そのうえ本書がみなさん各自の幸せな生き方に少しでもお役に立てばこのうえもなく幸いです。

　では公法の学びを始めましょう！

法 の 概 念

1　法とは何か

社会規範　これから学ぶ法とは何だろうか。

　まず法は**社会**に関係するものである。人が１人で生きていくのなら，おそらく法は不要である。ところが，多くの人からなる社会では放っておいたら無秩序になる。こうなれば多くの人は幸せな生活を望めない。そこで，すべての人が幸せに生活できるようにするために法が必要となる。「社会あるところ法あり」というが，極端な場合２人の間でも法が必要となる。長い間ジャングルに取り残された２人の兵士を想像してみればわかるだろう。

　次に法は**規範**である。規範は規則，ルール，決まりのようなものである。道徳，宗教戒律，慣習などもこれにあたる。実際，前近代社会では，宗教戒律や慣習が法よりも重要な規範であった。規範は法則の１つであり，法則には規範のほかに自然法則もある。自然法則は，「水が高いところから低いところに流れる」というように，「（必ず）……である」「……となる」というものである（「存在」の世界）。自然法則では違反はありえない。ある自然法則に違反があるとすれば，その法則は誤りということになる。

　これに対して，規範は人の行動を一定の方向，あるべき状態にしむけるルールであり，「……すべきである」「……してはならない」というものである（「当為」の世界）。規範については違反がありうる。ある規範に違反する者がいるからといって，その規範が誤りということにはならない。たとえば，殺人罪について規定する刑法199条には「人を殺してはならない」という規範が前提

図 1 - 1 　規範の分類

```
法　則 ─┬─ 自然法則
        └─ 社会規範 ─┬─ 内心規範（道徳，宗教戒律）
                      └─ 行為規範（法，慣習）─┬─ 自律規範（慣習）
                                              └─ 強要規範（法）
```

として含まれているが，この規範に違反して人を殺す者がでてきたとしても，これによって刑法199条の規定は誤りであると結論づけることはできない。

　社会規範は，一定のあるべき社会状態を目指して「……すべし（すべからず）」と命じるものである。しかも自然法則とは異なり違反がありうる。それゆえ社会規範は，それが命じたことを実現させるために制裁（サンクション）をともなうのが通例である。サンクションとは，他者による規範的評価をともなう反応であり，規範に違反した場合に不利益を課す否定的サンクションが通例であるため「制裁」と表現されることが多いが，規範を遵守した場合に利益を与える肯定的サンクションも存在する。

【行為規範】　このように法は社会規範である。しかし，道徳や宗教戒律も同様に社会規範である。というのは，たとえば「人を殺してはならない」という社会規範は，もちろん法である（刑法199条）が，道徳や宗教戒律でもあるからである。それでは，法は道徳・宗教戒律とどう異なるのか。両者の違いの1つは，法が人の行為に関する社会規範だという点にある。このように人の行為を規律する規範を**行為規範**という。人が他者を「殺してやりたい」と思っても，それだけでは法の世界では問題とならない。その思いが実際の行為になったとき，法ははじめてこれを非難する。

　これに対して，道徳や宗教戒律では，心の中で「殺してやりたい」と思うこと自体が悪や罪などとして非難される。このように人の内心を規律する規範を**内心規範**という。道徳や宗教戒律は内心規範である。もちろん道徳も，「嘘をつかない」「道路にゴミを捨てない」のように人の行為も問題とし，宗教戒律も同様である。したがって，道徳・宗教戒律は行為規範であるとともに内心規範でもある。これに対して，法と慣習は行為規範である。

強要規範　法以外の社会規範についても制裁（サンクション）をともなうのが通例である（たとえば宗教戒律を遵守した者は魂の救済を得られ，違反した者は地獄へ落ちるなど）。法と同じく行為規範である慣習の場合でも，慣習に反する行為を行った者に対しては社会的非難が加えられる（非常識だと責められる，周囲から白い目で見られるなど）。しかし慣習は，それに従うことを強制することはできず，自発的に従うことを求めるにすぎない（自律規範）。

　それに対して，法は社会が構成員に強要する規範である。社会の構成員は必ず法に従うことが要求され，従わない場合には刑罰や強制執行のような物理的な強制力をともなう法的制裁が課される。このように法は**強要規範**であり，法的制裁（サンクション）として物理的な暴力（強制力）をともなう点に特徴がある（なお，法的サンクションの典型は，刑罰や強制執行といった否定的サンクションであるが，現代社会では補助金や減税といった肯定的サンクションの重要性が高まっている。第13講参照）。ただし，このような法の強制力は，法の分野によってかなり強弱の差がある。

法と正義　法は究極的には物理的な暴力によって実現されるものである。だからこそ，法は**正義**にかなったものでなければならない。そもそも法が正義と関わることは，法という語にも示されている。西洋諸語において，「正義」は「法」または「権利」と同じ語であるか，よく似ている語である（たとえば，ドイツ語のRecht（レヒト）という言葉は，「正義」「法」「権利」などの意味をもつ）。

　もっとも，「正義とは何か」という問題は，古代からさまざまな見解が唱えられてきた法哲学の主要テーマであり，現代においても唯一正しい答えが見いだされているわけではない。それゆえ，正義の概念自体に疑問を呈する見解も存在するところである。しかし，正義のイメージをつかむ手がかりは存在している。人々のもつ正義のイメージを体現したのが「正義の女神」像である。正義の女神は，片手に秤（天秤），片手に剣をもっている。天秤に象徴される「**公平**」の理念を理解することが，法について学ぶうえで重要である（社会正義の実現を使命とする弁護士〔弁護士法1条1項〕のバッジにも天秤が描かれている）。

5

また，正義の女神が秤と剣を持っていることの意味について，「秤なき剣は暴力であり，剣なき秤は無力である」といわれる（イェーリング『権利のための闘争』）。これは，法も究極的には物理的な暴力によって実現されるものであることとともに，法の「正義」志向性こそが「法」と「単なる暴力」の相違であることを示している。

| 自力救済の禁止と 国家の暴力独占 | 法的制裁は物理的な暴力をともなうところに特徴がある。このような法的制裁を，各人が勝手に行使できたの |

では，安定した社会生活を営むことはできない。自分の権利が侵害されたと称して勝手に私刑や強制執行を行うことが認められるなら，力の強い者が支配する社会となってしまうであろう。

そこで近代社会においては，私人には原則的に**自力救済が禁止**され，国家が正当な**暴力行使を独占**する。これによって社会が暴力によって支配されることを防ぐことができる。しかし他方で，圧倒的な権力をもった「国家」が登場してくることとなる。トマス・ホッブズは，自然状態（国家のない状態）における「万人の万人に対する闘争」を終結させるために形成された国家を，旧約聖書に登場する大怪物リヴァイアサンになぞらえている。国家が政治単位で至高な存在となること（主権国家の確立）は，個人の権利を確保し公正な社会を実現するためには必要である。しかし，そのような国家の強大な権力が濫用されると個人の平穏な生活は簡単に崩れてしまう。そこで，国家の権力（統治権）が濫用されないようにすること（国家権力の統制）が大きな課題となる。その役割を果たすのが，本書でこれから勉強していく「公法」である。

2　どのような法があるか

(1) 法　源

| 法源の意義 | 法源（法の淵源；source of law）という語は多義的であるが，ここでいう法源は**法の存在形式**を意味する。法は，もともと形が |

なく，手に取ることも目で見ることもできない。それでは，われわれはどのよ

表1-1　法源の種類

法　源	成文法	憲法，法律，命令，規則，条例，条約，自治法規など
	不文法	慣習法，判例法など

うな法があるのかをどのようにして認識することができるのであろうか。たとえば，「六法全書」に載っているさまざまな法文をみてこれが法だと知るように，何らかの形ある物を通してのみ法を認識することができる。このように，このような法がここに存在するということを示す外形を法源という。したがって，法源はわれわれに法を認識させてくれるものだといってもよい。

成文法と不文法　法源には大きく分けて次の2つのものがある（表1-1参照）。

第1は**成文法**（制定法）である。これは一定の手続を経て文章の形で制定された法である。憲法や法律など後に述べる国家法のほか，会社など各種法人の定款，会社の就業規則，会社と労働組合との労働協約，学校の校則等，各種の自治法規（国家以外の団体がその内部事項を自主的に定めた法で「自主法」ともいう）も成文法である。

成文法には，法の存在および内容が明確であり，安定しているという長所がある。その反面，成文法の規定が抽象的で具体的でなかったり，固定的なため社会の変化に即応できなかったりするという短所もある。

第2は**不文法**（非制定法）である。これは文章によって表現されていない法である。後に説明する慣習法と判例法が不文法の代表である。**条理**（「物事の筋道」「自然の道理」のことで「法の一般原則」「事物の本性」などともいわれる）や学説（法学者の学問的見解）なども不文法の法源となるという見解もあるが，これには異論も多い。

以上2つの法源のうち，どちらを主たる法源とするかに関しては，国によって違いがある。ローマ法を起源とするフランス，ドイツなどの**大陸法系**の国では，成文法が第一次的法源とされ，不文法は補充的にしか認められない（成文法主義）。これに対して，イギリス，アメリカなどの**英米法系**の国では，裁判

所の判例により形成された判例法を第一次的法源とする（**判例法主義**）。わが国は明治期に大陸法系の法体系を受容（継受）したため成文法主義をとっている。以下，わが国における国内法の法源を成文法と不文法に分けてみていくことにする。

(2) 成 文 法

> 憲　　　法

成文法の法源としては**憲法典**というのが正確である。憲法は国法秩序で最高の法である（第2講・第4講参照）。憲法の改正は法律の改正よりも困難な手続になっている（憲法96条）。

> 法　　　律

国会が憲法の定める手続に従って制定するのが**法律**である（第5講参照）。国民を代表する機関（憲法43条1項）である国会が制定する法律は，国内法の中心的な法源である。

ところで「法律」という語は「法」という語と同じように使われることが多い。「法」学が「法律」学といわれることもあり，「法」の専門家が「法律」家と呼ばれることもある。法律の規定にも「法」の意味で「法律」の語を使っているものがある。たとえば，刑法38条3項の「法律を知らなかった」という文言がその例である。

だが，法を専門的に勉強する者は，両者を明確に区別しなければならない。成文法主義国の西欧諸語では，「法律」と「法」はまったく異なった語である（たとえば，ドイツ語で法律は Gesetz（ゲゼッツ）であるのに対して法は Recht（レヒト）であり，フランス語では法律は loi（ロワ），法は droit（ドロワ）である）。ここでは，法は法令一般を広く含むものであるのに対して，法律は国民を代表する議会が制定する法（議会制定法）に限られることが前提とされている。つまり法は包括的な意味をもつ語であるが，法律はそのなかの限られたもののみを指すのである。特に公法においては，法律による行政の原理（第9講参照），罪刑法定主義（憲法31条），租税法律主義（同84条），法律に基づく裁判の要請（同76条3項）などのように，国民を代表する国会の制定した「法律」に従って国家権力を行使させることが重要であるため，「法律」と「法」の違いを意識しておく必要がある。

❖コラム❖　「法令」という語

　法律の規定で**法令**という語が使われることがある。法令は一般に「法律」と「命令」とをあわせて呼ぶ語である。法の適用に関する通則法3条や地方自治法14条1項がその例である。だが，法令が法律と命令のほか条例を含むと考えられる場合がある（刑事訴訟法335条1項）。さらに，法令が法律，命令および規則（裁判所規則）を含意することを明示する例もある（同39条2項）。このように，法令という語はさまざまな意味で用いられている。したがって，その意味はその語が用いられる文脈に応じて確定するほかない。

命　　令　行政機関が制定する法を**命令**という。たとえ，国民に対して何かの行為を「命令」するものでなくても，行政機関が制定主体である法はここでいう命令である（たとえば，元号を令和と定めた「元号を改める政令」）。命令には，法律の委任を受けた事項を定めるもの（**委任命令**）と，法律の実施のための細則を定めるもの（**執行命令**）とがある。法律に根拠のない独立命令（明治憲法9条参照）は，日本国憲法の下では認められない。命令には，その制定機関に応じて次のものがある。

　①**政　令**　内閣が制定する命令である（憲法73条6号）。
　②**府　令**　内閣府の長としての内閣総理大臣が制定する内閣府の命令である（内閣府設置法7条3項）。
　③**省　令**　各省大臣が制定する各省の命令である（国家行政組織法12条1項）。小型の六法にも掲載されているものとしては，会社法施行規則（法務省令）や労働基準法施行規則（厚生労働省令）などがある。なお，「○○法施行令」は政令，「○○法施行規則」は府令・省令である。
　④**外局規則**　内閣府や各省には外局として，公正取引委員会（内閣府）や国税庁（財務省）などの委員会や庁が置かれている（第8講図8-1参照）。それらの委員会や庁の長官が制定する命令である（内閣府設置法58条4項，国家行政組織法13条1項）。小型六法掲載のものとしては，犯罪捜査規範（国家公安委員会規則）などがあげられる。

　このほかに会計検査院規則，人事院規則などもある。

| 規　　則 | 衆議院，参議院および裁判所が制定する法を**規則**という。規則には**議院規則**（憲法58条2項本文前段）および**裁判所規則**（同77 |

条1項・3項）がある。議院規則は各議院が制定し，裁判所規則は最高裁判所または下級裁判所が制定する。規則は，それぞれの機関の内部規律や専門的事項を定める。なお，前述の外局規則も「規則」という名称をもつが，性質上は「命令」に属する。

| 条　　例 | 地方公共団体（地方自治体）が制定する法を**条例**という。地方自治体は，その権限事項について「法律の範囲内で条例を制定 |

することができる」（憲法94条後段）。法律と条例の関係については第**10**講で詳しく扱う。

| 条　　約 | 文章の形式による国家間の法的合意を一般に**条約**という。条約は国際法ではあるが国内法としても効力をもつことが多い。条 |

約を締結するのは内閣である。ただし「事前に，時宜によつては事後に，国会の承認を経ることを必要とする」（憲法73条3号）。

(3) 不 文 法

| 慣 習 法 | 現実に行われている慣行で法的拘束力をもつものが**慣習法**であり，これが不文法の典型である。慣習法が成立するには，社会 |

において一定の行動様式が長年継続するだけでは足らず，社会の構成員がその慣行に必ず従わなければならないと思い込むようになること（法的確信）が必要とされている。成文法主義国では慣習法は一定の限度で法源となるのが通例であり，わが国の場合もそうである。法の適用に関する通則法は，次の2つの慣習に法律と同様の効力をもたせている（同法3条）。①公序良俗に反せず，法令の規定により認められたもの，②公序良俗に反せず，法令に規定のない事項に関するもの。

　なお，慣習法の効力は法の分野によってかなりの差がある。商慣習が尊重されるべき商法の分野では慣習法に法律よりも優先的に適用される効果が与えられている（商法1条2項）。公法においても慣習法は部分的に認められる。たと

えば内閣の閣議は多くが慣習法によっている（第7講参照）。だが，罪刑法定主義を基本原理とする刑法では慣習法は認められない。

裁判の先例が**判例**である。先例拘束性の原理が認められる判例法主義（英米法）諸国とは異なり，大陸法を継受した日本は成文法主義をとっており，判例の法源性については否定的な見解が一般的である。裁判所法4条は，上級審の裁判所の判断は「その事件について」下級審の裁判所を拘束する，と定めており，最上級審の裁判所（最高裁判所）の判例であっても，下級審を拘束するのは「その事件について」だけであり，一般的に拘束するものではない（法的拘束力はない）ことが示されている。最高裁自身による判例変更は可能であるが，頻繁に変更することは法的安定性の観点から望ましくないので，手続が難しくされている（裁判所法10条3号）。また「等しき者は等しく扱え」という要請もあるので，最高裁は従来の判例に従った判断を下すことが多い。そのため，判例に反する裁判は上級審で破棄される可能性が高いので，下級審は上級審で破棄されないように判例に従った判断を下すことが多くなる。そのことから，判例には「**事実上の拘束力**」があるといわれる。最高裁も「先例としての事実上の拘束性」と述べている（最大決2013〔平成25〕・9・4民集67巻6号1320頁）。したがって，判例は法源ではないとしても，実際の影響力は非常に大きい。法学の学習に際しても，判例を勉強することが不可欠となっている。

3　法はどう分類されるか

法の分類

「六法全書」をみると法令が分野ごとに分類され，分類に従って法令が収録されている。このような分類に限らず，法はさまざまな観点から分類することができる。公法と私法も法の分類の1つであるが，これは第3講で扱われる。このほか主要な分類として次のものがある。

実体法と手続法

実体法は権利義務関係を定める法のことである。実体法は，誰にどういう権利があるか，誰にどういう義務があ

11

るかを定めている。民法，商法，刑法などが実体法に属する。

　手続法は権利義務の具体的な実現方法を定める法のことである。手続法は，ある人の権利を実現し，ある人に義務を履行させるための主として裁判の手続を定めている。民事訴訟法，刑事訴訟法などが手続法に該当する。

国内法と国際法　　国内法は国内の諸関係を定める法である。憲法，法律などがこれに属する。これに対して，国際関係を定める法が国際法である。先にみたように，条約は国際法であるが，国内法としても効力をもつことがある。国内法秩序における条約の位置づけについては第2講で扱う。

❖コラム❖　実定法

　実体法とよく似た表現なのでしばしば混同しがちな用語として「実定法」がある。実体法（substantive law）は手続法（procedural law）と対になる概念である。それに対して実定法（positive law）は，人間の行為によって作り出された法で「人定法」と訳されることもある。制定法，慣習法，判例法などが含まれる。対になる概念は，人為を超えた自然的理性に基づく自然法（natural law）である。自然法の存在や内容などについては古代から争いがあり，実定法のみを法と考える立場を法実証主義（legal positivism）という。

理解できたかチェックしよう

1　近代社会において自力救済が禁止される理由を説明しよう。

2　成文法と不文法の違いを説明しよう。また，成文法にはどのようなものがあるか説明しよう。

$$\boxed{\text{第 2 講}}$$

法秩序の構成原理

1 法令間の衝突とその調整に関する原則

法令間の衝突　第1講でみてきたように，法令にはいろいろな種類のものが
あり，またその数も膨大である。そのことから，法令相互間
で規定の内容に矛盾（衝突）が生じることも考えられる。そのとき，「法律や
命令といっても所詮人がつくるものだから，矛盾・抵触が生じても仕方がな
い」といって放置することはできない。実定法は全体として統一的な内容のも
のでなければならない。法令Aと法令Bが矛盾した内容を有しているとき，
どちらの法令を用いればいいのかわからなければ，行政機関や裁判所は，法令
を用いて事務を処理したり裁判したりすることができなくなる。そこで，複数
の法令の間で規定の文言上の矛盾が生じたような場合にも，どの法令を優先的
に適用すればいいのかを速やかに判断できるように，あらかじめ基準を設定し
ておく必要がある。

所轄事項の原則　このような原則としてまず挙げられるのは所轄事項の原
則である。これは，さまざまな成文法の法形式の違いに
応じて，それぞれの守備範囲を定め，お互いに，他の分野に立ち入らせないよ
うにすることにより，法令相互間の矛盾・抵触を避けることを目的とする原則
である。たとえば，憲法10条は「日本国民たる要件は，法律でこれを定める」
と規定しており，これを受けて「国籍法」という法律で国籍取得等の要件が具
体的に定められている。このように，憲法が日本国民の要件を法律によって定
めることを求めている以上，これを，法律ではなく，政令・省令等の命令で定

めることはできない。

　もっとも，ある法令の所轄に属する事項を，その法令のなかに委任規定をおいて，他の種類の法令の所轄事項に移すこと，すなわち「所轄事項の委任」は，一般的に認められている。しかし，それにも一定の限界がある。たとえば，憲法が法律の所轄事項としたものを，国会が，法律のなかで一般的・包括的な委任規定を設けて，政令・省令等の下位法令に丸投げすることは認められないであろう。憲法が法律によって定めるよう指示したことの背景には，国会での慎重な審議手続（第5講参照）を経て成立する法形式で定めるべきである，という規範的な意味合いを読み取ることができる場合が少なくないからである。

　また，個別に「法律で定める」と定めた明文の規定がない場合でも，権利を制限し義務を課す内容であれば当然に法律の所轄事項となる（第11講参照）。「国民に対して義務を課し又は権利を制限するには法律の根拠を要するという法原則」（最大判2006〔平成18〕・3・1民集60巻2号587頁）が存在するからである。国民の権利を制限するためには，国民の代表者（国会）の同意が必要であり，行政が法律の根拠なく行うことは許されない。

形式的効力の原則　法体系は，憲法を頂点として階層的秩序を構成しており（図2-1参照），形式を異にする法令相互の間でその内容に矛盾・抵触が生じた場合には，上位の法令が下位の法令に優先して適用されることになる。これを**形式的効力の原則**（「上位法は下位法を破る」という原則）と呼ぶ。わが国の法体系において最も強い形式的効力をもつのは憲法である（憲法98条1項）。憲法を除けば，国会が制定する法律が法令のなかで最も強い形式的効力を有する。法律以外の国家法に関していえば，政令→府省令→各委員会および各庁の長官の規則という順で形式的効力の優劣が決められている。

　法律と地方自治体の条例の規律が相互に矛盾・抵触した場合，法律が条例に優位する（憲法94条）。他方，憲法と条約の関係については，**憲法優位説**と**条約優位説**とが対立している。憲法優位説は，①憲法遵守義務を課されている国務大臣（憲法99条）によって構成される内閣が，憲法に違反する条約を締結（同73

14

図 2‐1　わが国における成文法の体系

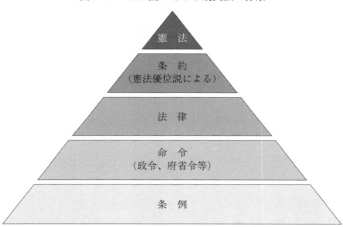

条 3 号）することができると考えることは背理である，②条約締結手続は憲法改正手続（同96条）よりも簡単である，という根拠を挙げて，憲法の形式的効力が条約のそれに優位すると説く。他方，条約優位説は，①憲法の最高法規性や裁判所の違憲審査権を規定する憲法の条項（同98条 1 項，81条）では条約がはっきりと除かれている，②憲法自身が，わが国の政府等が条約を誠実に遵守すべきことを求めている（同98条 2 項），といった理由を示して条約の形式的効力の優位性を主張する。

　ある法令の規定が，それよりも上位の法令と抵触する事項を規律している場合，裁判所は，その規定の違法・無効を宣言して，当該規定の適用を拒まねばならない。憲法は，法律・命令等の法令が憲法の規定に抵触する事項を含んでいるかどうかの最終的な判断を最高裁判所に委ねている（憲法81条）。この最高裁判所（および下級裁判所）の権限を「違憲審査権」というが，この権限の詳細は，第 6 講において扱うことにする。

2　法令の優先適用に関する原則

特別法優先の原則 | 形式的効力を等しくする2つ以上の法令が一般法と特別法の関係にあるときは，その特別法たる法令が優先的に適用され，一般法たる法令は，その特別法と矛盾・抵触しない限度において補充的に適用される。これを**特別法優先の原則**（「特別法は一般法を破る」という原則）と呼ぶ。

　特別法・一般法という場合における一般法とは，ある事項について広く一般的に規定している法令をいい，特別法とは，それと同一の事項について，特定の人・物・地域・場合・時間・期間等を限って適用されるような内容の規律を行っている法令をいう。また，ある法令が全体として他の法令との関係において一般法・特別法の関係に立つだけでなく，ある法令のある規定が，同一の法令中の他の規定，あるいは他の法令中のある規定との関係において一般法・特別法の関係に立つこともある。

　ここで，特別法優先の原則に関する問題を1つ出してみよう。民法166条1項は，債権の消滅時効（ある事実状態が長期間継続したことを要件として権利の消滅を認める制度）について，「権利を行使することができることを知った時から5年間」または「権利を行使することができる時から10年間」行使しないときには，時効によって消滅する，と定めている。これに対して，地方自治法236条1項前段は「金銭の給付を目的とする普通地方公共団体の権利は，時効に関し他の法律に定めがあるものを除くほか，これを行使することができる時から5年間行使しないときは，時効によつて消滅する」と規定している。では，ある自治体が，下水道を利用する某会社に下水道料金を請求したような場合には，どちらの時効の規定が適用されるのであろうか。「地方自治法の規定が適用されて，消滅時効の期間は権利を行使できる時から5年になる」というのが，この問の正解である。民法166条1項は消滅時効に関する一般法であるのに対して，地方自治法236条1項の規定は，地方自治体の債権・債務関係における時

効について適用される特別法としての性格を有しているからである。

　ただし，この問題に関しては 1 つ注意することがある。それは，国や地方自治体の債権・債務関係であるならば，すべての事例で，一般法である民法の適用はなく，特別法である会計法や地方自治法の消滅時効に関する規定が適用される，と言い切ることができるのか，という点である。最高裁（最判2005〔平成17〕・11・21民集59巻 9 号2611頁）は，公立病院の診療に関する債権の消滅時効期間について，公立病院での診療行為は私立病院での診療行為と本質的に変わるところがないから，地方自治法236条 1 項ではなく，民法（旧）170条 1 号を適用して 3 年とすべきであると判示している。このように，特別法が優先的に適用される事例かどうかは，問題となっている事案の内容を個別に検討したうえで判断するようにしなければならない。

> **後法優先の原則**　　形式的効力を等しくする 2 つ以上の法令の内容が相互に矛盾・抵触するときは，後から制定された法令が優先的に適用されることになる。これを**後法優先の原則**（「後法は前法を破る」という原則）と呼ぶ。

理解できたかチェックしよう

1　法令間の衝突を解消しなければならないのはなぜかを説明しよう。そのうえで，「所轄事項の原則」について説明しよう。

2　「特別法優先の原則」「後法優先の原則」について，それぞれ説明しよう。

第 3 講

法の領域と公法の特徴

1 公法とは何か

公法の定義 本書の表題は「公法入門」となっているが，公法の内容は必ずしも明らかではなく，誰も異議をさしはさまない明確な公法の定義を行うことはむずかしい。たとえば，ある人は，公法は社会公共の利益，すなわち公益を保護する法であると主張する。この考え方によれば，土地などの不動産の売買に関する法は私人の利益に関わる行為を規律する法であるから公法ではないが，国道建設のために必要な土地を強制的に取り上げる行政機関の行為に関する法は公益の保護に資することになるから公法に属するということになる。また，国と地方自治体の関係あるいは国や地方自治体と個人の関係を規律する法を公法と呼ぶべきであるという考え方や，不平等な権力・服従の関係を規律する法が公法であるとする考え方もある。

このように，公法の定義については複数の説があるが，このなかで，どれが一番妥当な見解であるかを択一的に判断することはむずかしい。法の保護する利益，行為の主体，法律関係の性格等を総合的に勘案しながら公法の範囲を判断していく必要がある。ただ，公法の一般的特徴を理解するにあたっては，国家統治権の発動に関する規律であるかどうかということが最も重要な意味をもってくることになるであろう。国家の統治権の発動を法の下におくということは近代社会において成立した法治国思想の基本であり（第4講参照），この基本的理念の下に，民法や商法などの民事法とは異なる類型の法規範として公法が成立してきたということは歴史的事実である。したがって，本書においても，

広く，**国家統治権を統制する法**を公法としてとらえることにする。

> **公法の特徴**

近代市民社会の下では，私法は，対等・平等な私人による自由な法律関係の形成を認め，これによって個人の社会的経済的活動の自由な展開を保障した（**私的自治の原則**）。これに対して，公法の領域においては，個人の自由に委ねられる領域が狭く，統治権の主体である国家の優越的地位が認められることが多い。

　また，近代市民社会においては，国家は，絶対君主制の時代とは異なり，国民の自由を擁護する観点から憲法によって統制を受けることになる（**近代立憲主義の確立**）。国家の統治権は，三権分立と人権保障を要素とする立憲主義的憲法を遵守することによって，その正統性を主張できるようになるのである。

　立憲主義的憲法の下では，**法治主義の原則**が重要な意味をもつ。すでに述べたように，統治権の主体には国民に対して優越的地位が認められることが多いが，このことは，不当に国民の権利・自由が国家によって侵されるおそれがあるということも意味する（たとえば，警察による不当な拘束，税務署による不当な課税など）。法治主義は，このような不当な国家の権力行使から国民の権利・自由を守るという役割を担う。さらに，国民が平等に行政サービスを享受できる条件を整備する，あるいは国民主権の観点から権力行使の透明性を確保する制度をつくるなど，民主的な国家体制の枠組みをつくっていくためにも，法治主義の原則は重要な役割を果たすことになる。立憲主義的憲法と法治主義の原則の関係については第 4 講で詳しく述べるが，ここでは，民主主義，立憲主義，法治主義などの基本的な理念・原則が公法規範の特殊性を形づくる重要なファクターとなっていることに注目しておこう。

> **公法の領域**

大まかな分類として，**憲法**と**行政法**が公法の領域に入れられるのは明らかであるが，教科書によっては，それ以外に，刑法（犯罪や刑罰に関する法），訴訟法（裁判所における訴訟手続を定めた法），国際法（国家間の関係を規律する法）なども公法に含めることがある。しかし，本書では，基本的に，刑法，訴訟法，国際法等を除いて（間接的に言及することはある），憲法と行政法を中心にして，これらの法領域の原理・原則および制度の

内容等を説明していくことにする。あらかじめ、この2つの法領域の内容を簡単に示しておけば、次のようになる。

①憲　法　　国家の統治に関する基本的な事柄を定める法を憲法という（第4講参照）。現代の立憲主義的な国家においては、形式面では国家の統治に関する基本ルールが「○○国憲法」という形で成文化されており、内容面では国民の権利・自由の保障、その政治参加の方式、為政者の権力濫用を防止するための国家機構などについて定めているのが通例である。国家の理念や目標が定められることもある。日本国憲法も、権利の保障と権力の分立を中核的要請とする立憲主義の思想を基底的な原理として採用しており、基本的人権を保障し（第3章）、国会・内閣・裁判所を設けるとともにそれらに立法権・行政権・司法権を分配している（第4章・第5章・第6章）ほか、国民主権、戦争の放棄、地方自治の保障などについて定めている。

　日本国憲法のような憲法典には重要な事柄しか規定されていないことが多い。全99箇条（補則を入れても103箇条）しかない日本国憲法の規定だけで国家の活動をすべて規律できるはずもなく、具体的な国家の構成や運営を学ぶためには、憲法の規定を具体化・補充する国会法、内閣法、裁判所法などの憲法附属法にも目を配る必要がある。また、憲法典の抽象的な規定が具体的にどのように解釈されているかを知るためには、憲法判例について学ぶことも重要である。

②行政法　　行政の組織および活動のほか、これらに関わって生じる紛争の処理ないし救済に関する法を行政法という。現代国家における行政活動領域の拡大・多様化にともなって、その対象も広範囲なものとなっている。行政事件訴訟法や国家賠償法などの行政通則法的な法律はあるが、民法や刑法などの領域とは違って、「行政法」という一般的な名称の法律は存在しない。また、社会保障行政、教育行政、環境行政などに関する法については、それぞれの生活領域に固有な法（社会保障法、教育法、環境法など）の生成にともなって、行政法の視点からだけでは論じられなくなっていることに注意すべきである。

　行政法の主たる目的は、法を通じて行政機関の活動を民主的に統制すること

である。この行政法の目的の観点からすれば，行政機関に委任された立法の作用（憲法73条6号）や，裁判所の前審として行う裁判の作用（同76条2項）のような，その性質から判断して「行政」とはいえない作用も含むことになる。

　ひろく「行政機関の活動」ということのなかには，役所が仕事で使う文具用品の購入のように，一般市民のする取引行為と基本的に変わらない性質のものもある。しかし，このような行為には民法・商法などの私法が適用されることから，この種の行政活動に適用される法を行政法の範疇の中に入れて論じる意義は乏しい。以上のことから，行政法は，「行政に固有の法」として定義することができる。

　なお，先述したように，本書においては，憲法，行政法を中心的に取り扱うが，これ以外にも，国や地方自治体の予算・決算等の財政に関わる事項を規律する**財政法**や租税の賦課・徴収等に関して規律する**租税法**（税法）が公法の領域に入れられるであろう。

2　公法に属する成文法

　公法には，日本国憲法を頂点として，法律・命令等の多くの成文法が属するが，以下では代表的な法律をいくつか取り上げて記しておこう。

| 国会・選挙・裁判所 |
| に 関 す る 法 律 |

①国会法　　国会に関して規定する一般法である。国会の組織・運営に関する事項について，憲法の定める基本原則に基づき，両議院に共通する事項を定める。両議院の内部事項についてはそれぞれの議院がさらに議院規則を制定して定める。

　②公職選挙法　　衆・参両院の議員，地方自治体の議員・長の選挙について定める法律である。選挙が国民の自由な意思表明によって「公明且つ適正に行われることを確保し，もつて民主政治の健全な発達を期すること」（1条）を目的とする。

　③裁判所法　　憲法76条に基づいて制定された法律であり，最高裁判所・下級裁判所の組織・権限・構成員などについて定める。

| 国家の行政組織 に関する法律 | ①内閣法　憲法66条に基づき，内閣の組織・権限・構成 |

①内閣法　憲法66条に基づき，内閣の組織・権限・構成員などの事項について定める法律である。閣議，内閣官房等の内閣組織や内閣の代表としての内閣総理大臣の職務権限などについて規定する。

②国家行政組織法　内閣府以外の国家の行政機関の組織・権限・構成員などの事項について定める法律である。大臣の権限や省の内部部局などについて規定する。

③国家公務員法　国家公務員の服務・権利などの事項について定める一般法である。公務員の人事行政に関する事項を司る人事院の組織・権限を定めるほか，国家公務員の採用試験，任免，給与，懲戒などについて定める。

| 行政の手続・争訟 に関する法律 | ①行政手続法　行政処分や行政指導の手続などに関す |

①行政手続法　行政処分や行政指導の手続などに関する事項を定める法律である。「行政運営における公正の確保と透明性……の向上を図り，もって国民の権利利益の保護に資すること」（1条1項）を目的とする。

②行政不服審査法　行政機関の違法または不当な処分に関し，国民から行政機関に対してなされる不服申立ての手続などについて定める法律である。行政事件訴訟法とならんで，行政救済に関わる重要な法律の1つである。

③行政事件訴訟法　行政事件訴訟の要件・手続・効果等を定める法律である。同法では，行政事件訴訟にとって固有な事項が定められ，本法に規定されていない事項については「民事訴訟の例による」とされている（7条）。

| 財政・租税に 関する法律 | ①財政法　国の予算・決算その他財政の基本事項を定める |

①財政法　国の予算・決算その他財政の基本事項を定める法律である。

②国税通則法　国税の納付義務の確定，納付，徴収，更正，決定，不服審査など，国税についての基本的事項および共通的事項について定める法律である。

③地方税法　地方自治体が課税する地方税の税目や賦課・徴収手続などを定める法律である。地方税に関する地方自治体の条例は，この法律の枠内において定めなければならない。

| 地方自治体に 関する法律 | ①地方自治法　　地方自治体の組織および運営の大綱を定め

るとともに，国と地方自治体との間の基本的関係を定める法律である。

　②地方公務員法　　地方公務員の職，任免，服務，労働関係など，地方公務員の身分取扱いに関する基本的事項を定めた法律である。基本的に国家公務員法に準拠した内容となっているが，給与条例主義（地方公務員法24条5項），労働基準法の一部適用（同58条3項）などの相違点もある。

| 警察・防衛に 関する法律 | ①警察法　　警察の組織・運営に関する事項について定める

法律である。警察法は，基本的に，警察の組織・運営について定める**行政組織法**としての性格を有するので，職務質問などの警察活動の権限について定める警察官職務執行法などの**行政作用法**に属する法律と区別しなければならない。

　②警察官職務執行法　　警察官が警察法に規定する職務を遂行するために必要な手段（職務質問，保護・避難措置など）について定める法律である。

　③自衛隊法　　自衛隊の任務・部隊の組織および編成，自衛隊の行動および権限などに関する事項について定める。防衛省設置法とあわせて防衛二法と呼ばれている。

| 国土開発・都市計画 に関する法律 | ①都市計画法　　都市の健全な発展を目的として，都

市計画の内容とその決定手続，都市計画制限などに関する事項について定める法律である。

　②土地収用法　　公共的な事業に必要な土地等の収用・使用に関し，その要件・手続・効果ならびにこれにともなう損失補償について定める法律である。

| 環境保護に関する法律 | ①環境基本法　　環境の保全についての国・地方自

治体，事業者および国民の責務を定めるとともに環境の保全に関する基本的な施策について定める法律である。

　②騒音規制法　　静かな生活環境を維持するために，工場・事業場における騒音の規制，建築工事にともない発生する騒音の規制などについて定める法律である。

③自然環境保全法　　原生自然環境保全地域や自然環境保全地域を指定するなどして良好な自然環境を保全するために必要な措置について定める法律である。

教育・文化に
関する法律 ①教育基本法　　憲法の精神に従い教育の目的を明示して、わが国の教育の基本理念を定める法律である。教育に関するさまざまな法令の運用や解釈の基準となる性格を有することから「教育憲法」と呼ばれることもある。

②学校教育法　　学校の設置・廃止，管理と経費の負担，修業年限，入学資格など学校教育の基本を定める法律である。

③文化財保護法　　有形文化財，無形文化財，民俗文化財などについて，指定・管理・保護などの措置について定める法律である。

理解できたかチェックしよう

1　公法の特徴について説明しよう。
2　憲法以外で「公法」に含まれるとされる法律にはどのようなものがあるか，説明しよう。

第 4 講

憲法と国法秩序

1 憲法とは何か

(1) 憲法の意味

固有の意味の憲法

「憲法」という言葉は日常的によく見聞きし，大学生であればその意味を知っているはずである。だが，憲法という語は多義的であるので，法学部で公法を勉強する際には，憲法の意味をきちんと把握しておく必要がある。

憲法は，国家の統治権を誰がどのようにして行使するかなど，国家の統治に関する基本的な事柄を定める法である。これを**固有の意味の憲法**という。

国家は，会社などと同様に，目にみえないし手で触ることもできない存在である。しかし国家は，法律を作ったり犯罪者を捕まえたりするなど多くの活動をしている。その際に実際に行動しているのは具体的な人間（自然人）である。国家が存在するためには，具体的な人間の行動を国家の行動とみなすための法（ルール）が必要である。それが固有の意味の憲法である。それは明文化されている必要はない。しかし，それがなければ個々人のバラバラな活動が存在するだけで，国家の活動は存在しえない。独裁国家であっても，独裁者の決定が国家の決定であるとする法がなければ，国家の活動は存在しない。

この意味での憲法は，いつの時代でもどのような国家でも，国家が存在する限り必ず存在する。ところで，西欧諸語で憲法を意味する語（Constitution, Verfassung など）のもつ概念がわが国に伝わったのは幕末である。明治初期にこれを示す訳語として「憲法」が用いられるようになった。それ以前にもわが

25

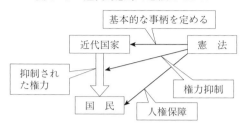

図4-1　近代的意味の憲法のモデル

国の法で「憲法」という名称をもつものがあるが、それは固有の意味の憲法とは無関係である。たとえば604年に聖徳太子が作ったとされる**憲法十七条**は、「わが国最初の憲法」と呼ばれることもあるが、内容からすると公務員の服務規律にあたるものでしかない。

近代的意味の憲法　今日、憲法という語から、権力を抑制して人権を保障するように国家の統治に関する基本的な事柄を定めた法を連想することが多いであろう。このような意味での憲法を、固有の意味の憲法のうちで、**近代的意味の憲法**または**立憲的意味の憲法**という（図4-1参照）。

　近代的意味の憲法は、欧米（イギリス、アメリカ、フランス）で市民革命後に登場した近代立憲主義に基づく憲法である。1789年のフランス人権宣言（「**人および市民の権利宣言**」）が「**権利の保障**が確保されず、**権力の分立**が定められていない社会は、憲法を持たない」（16条）と規定したのは、近代的意味の憲法についてである。

形式的意味の憲法と実質的意味の憲法　現代のほとんどの国においては、国家の統治に関する基本ルールは「○○国憲法」として成文化・法典化されている。このような憲法を**形式的意味の憲法**（憲法典）という。形式的意味の憲法には、効力や改正手続が他の法令とは異なるという特徴があるのが通例である。イギリスにはこの意味での憲法は存在せず、法律（議会制定法）や習律（慣習）によって国家の統治に関する基本的な事柄が定められている。

　国家の統治に関する基本的な事柄は形式的意味の憲法（憲法典）だけで規律し尽くされているわけではなく、憲法附属法、憲法判例、憲法慣習などによっ

ても定められている。これら成文・不文のさまざまな法によって形作られている国家の構成・構造（これが constitution の本来の意味）のことを**実質的意味の憲法**という。近年では「国制」あるいは「国のかたち」という表現が用いられることが多い。憲法典を改正しなくても法律などの改正によって国家の統治のあり方は大きく変容する。内閣機能の強化を図った行政改革（第7講参照）や裁判員制度などを導入した司法制度改革は，憲法典を変えることなく法律などの改正によって「この国のかたちの再構築」を図ったものであり，「憲法改革」と呼ばれることもある。

　以上のように「憲法」という言葉は多様な意味で用いられるが，憲法の基本的な考え方を理解するには近代的（立憲的）意味の憲法に着目する必要がある。他方，憲法改正や違憲審査（憲法よりも下位の法令が憲法に違反するか否かの審査）について考える際には形式的意味の憲法に着目する必要がある。また，国家がどのように構成され運営されているかを具体的に知るためには実質的意味の憲法に着目する必要がある。

(2)　立憲主義

> **立憲主義**

　立憲主義は，憲法に基づいて国家の統治を行わせることにより，憲法によって国家権力を抑制し，個人の権利を保障しようとする思想である。大日本帝国憲法（明治憲法）制定の際に伊藤博文が枢密院の審議で述べた「そもそも抑憲法を創設するの精神は，第一君権を制限し，第二臣民の権利を保護するにあり」という発言は，このような立憲主義の考え方を端的に表明したものである。立憲主義の基本的要素は，先にみたフランス人権宣言16条にも示されているように「権利の保障」と「権力の分立」である。

> **権力抑制**

　絶対君主制との闘いから誕生した近代立憲主義が何よりも要請するのは，**権力抑制**，すなわち国家権力を法によって抑制することである。では，なぜ国家権力は抑制されなければならないのか。この必要性は，国民の安心・安全を確保するために統治権の発動がますます求められる今日では理解しにくいかもしれない。たとえば犯罪を実効的に取り締まってほ

しいと思う人は多いであろう。

　たしかに，権力がなければ，われわれは幸福に生活することができない。警察が犯人を逮捕してくれるおかげで，われわれは安心・安全に暮らすことができる。人間の社会において秩序を維持するためには，権力は必要である。しかし他方で，権力が濫用された場合にも幸福な生活をおくることはできなくなる。警察の強引な捜査によって冤罪で刑務所に入れられてしまった場合を考えればわかるであろう。

　権力は必要なものではあるが，腐敗し濫用されるものであることも人類の長い歴史が教えてくれることである。そこで権力を必要悪として認めたうえで，濫用されないような仕組みを設けて国家権力を抑制することが必要になる。その役割を憲法に期待するのが立憲主義である。国家に統治権を認めるとともに，統治権の行使を憲法に基づいて行わせることにより，権利保障や権力分立の要請によって国家権力を抑制するのである。

権力分立 権力を抑制する効果的な方法が**権力分立**である。モンテスキューは「およそ権力を有する人間がそれを濫用しがちなことは万代不易の経験である」という認識に基づき，権力を濫用しえないようにするためには「権力によって権力を抑制する」必要があり，国家の3種の権力（立法権・執行権・裁判権）が分離されるべきことを説いた（『法の精神』11編4章・6章）。個人の権利・自由を保障するために，国家の作用を**立法・行政**（執行）・**司法**（裁判）の3つに分け，各々を担当する機関を分離独立させ，相互の**抑制と均衡**（チェック・アンド・バランス）を図るという**三権分立の原理**は，立法権を担うのは国民代表議会，司法権を担うのは独立した裁判所でなければならないというかたちで議会制民主主義や司法権の独立の要請（第6講参照）とも密接に結びついて，近代憲法に広く取り入れられていった。もっとも，議院内閣制（第7講参照）や違憲審査制（第6講参照）がすべての国でいつの時代でも採用されているわけではないように，三権分立の具体的なあり方は国と時代によってかなりの差異がある。また，国（中央政府）における立法・行政・司法の三権分立という水平的権力分立だけでなく，中央と地方との間における垂直的

権力分立である地方自治（第10講参照）の重要性も看過されてはならない。

法治国家原理（法治主義の原則）は，国家権力が為政者の恣意に
基づいて行使されることによって国民の権利・自由が侵害され
ることを防止するため，国家権力が客観的な法に基づいて行使されることを要
請する。伝統的には，特に行政権による権利侵害を念頭に置いて，国民代表議
会の制定する「法律」に基づいて行政が行われるべきだという要請（**法律によ
る行政の原理**）として発展してきた（第9講参照）。また，法律による行政の原理
を担保するため，法律に違反する（違法な）行政の活動によって権利を侵害さ
れた個人は独立した裁判所による救済を求めることも可能でなければならない
とされた。このように法治国家原理は，議会制民主主義および三権分立思想と
結びつき，議会（法律）と裁判所によって行政をコントロールすることを重視
してきた。他方で，国民代表議会が行使する立法権を拘束することは念頭に置
かれていなかった。しかし現代では，立法権をも憲法によって拘束すること，
すなわち憲法の最高法規性とそれを担保するための違憲審査制を備えているこ
とまでも法治国家原理の要請であると考えられることが多い。そのため「法治
国家」は「立憲主義」と同じ意味で用いられることもある。国家権力の行使を
統制・規制する際に法治国家原理（法治主義の原則）が果たす役割は大きい（第
3講参照）。

　以上のように，権力を行使する者（公務員）が法に従って行動する国家とい
うのが法治国家の正しい理解である。ところが，ときどき次のような発言がな
されることがある。「わが国は法治国家だから国民は法律を遵守すべきだ」。確
かに法を破る無法者や犯罪者が多いというのは大きな問題であるが，それは法
治国家とは別の問題である。法治国家は法に従って統治される国家であり，法
に従うのは何よりも公務員だということを正しく理解しておく必要がある。こ
の種の発言は，法治国家の意味を理解しない者が法治国家の語を誤用したもの
にほかならない。

近代立憲主義は，①消極国家，②自由権中心の権利保
障，③議会中心の統治機構，によって特徴づけることが

「法治国家」

「近代立憲主義の
現代的変容」

できる。近代社会においては①国家は社会・経済活動には立ち入るべきではなく、国家の任務は最小限の秩序維持に限定されるべきだと考えられた。このような国家は**消極国家**または**夜警国家**といわれる。このような国家観に対応して、②権利保障においても**自由権**（国家からの自由）が中心であった（第11講・第12講参照）。また、③統治機構においては国民を代表する**議会**が中心的な役割を担い、議会の制定した法律に従って行政や裁判が行われるべきことが重視された。

　以上のような近代立憲主義は、総力戦であった第一次大戦を境として大きく変容することとなる。①国家の任務は消極的な秩序維持に限定されず、国民の福祉を実現するために社会・経済に積極的に介入していくことも求められるようになった。このような国家は**積極国家**または**福祉国家**（社会国家）といわれる。このような国家観の転換にともない、②新たに登場してきたのが**社会権**である（第11講・第12講参照）。また、国家の任務が増大することとなったが、それに対応するのは行政であるため、行政の任務が飛躍的に拡大した（積極目的の規制行政や給付行政につき、第9講参照）。それゆえ、③国家における行政の役割が大きくなった（**行政国家**）。

　さらに第二次大戦後には裁判所が違憲審査権を有する制度が一般化した。議会の制定した法律であっても裁判所が違憲と判断してその効力を否定することができるようになり、④裁判所の果たす役割が大きくなった（**司法国家**）。また、⑤権利保障のあり方も、議会を信頼した「法律による保障」よりも、裁判所による「法律からの保障」が重要になっている（第11講参照）。

2　憲法にはどのような特徴があるか

最 高 法 規 　第2講でみたように、日本の法体系は憲法（憲法典）を頂点とするピラミッド型の階層構造をなしている（図2-1参照）。憲法は、他の国家法よりも上位にあって、国家の法秩序において最高の地位にあり、最も強い効力をもつ法である。これを**最高法規**という。日本国憲法は98条

１項で「この憲法は，国の最高法規であつて，その条規に反する法律，命令，詔勅および国務に関するその他の行為の全部又は一部は，その効力を有しない」と憲法の最高法規性を確認している。

憲法 保障　憲法は最高法規であるが，憲法に違反して法律が制定されたり公権力が行使されたりすることは起こりうる。そのような違反や侵害から憲法を守り，憲法秩序を維持することを**憲法保障**という。日本国憲法が定めている憲法保障の仕組みとして以下のものを挙げることができる。

　①違憲審査制　**違憲審査制**とは，裁判所が国会によって制定された法律などが憲法に違反するかどうかを審査して，違反する場合にはその効力を否定するものである（憲法81条）。この違憲審査制は最も実効的な憲法保障のための制度である。もっとも，違憲審査制のあり方は国によって異なっている（第6講参照）。

　②硬性憲法　**硬性憲法**とは憲法改正が法律改正よりも困難な憲法のことである。これに対して法律改正と同じ手続で憲法改正が行える憲法を**軟性憲法**という。現在ほとんどの国の憲法は硬性憲法である。日本国憲法も硬性憲法であり，法律の改正は各議院の出席議員の過半数によって行われる（第5講参照。法律の改正は，新法律または改正法律の制定という形で行われるため，法律の改正手続と法律の制定手続は同じである）のに対して，憲法の改正は各議院の総議員の3分の2以上の賛成に加えて国民投票での過半数の賛成が必要とされている（憲法96条）。基本ルールである憲法がその時々の議会多数派によって改正されることを防ぐとともに，状況の変化への適応を可能にすることによって憲法が無視されることをも防ぐという意味がある。安定性と可変性のバランスを図るのが硬性憲法の考え方である。

❖コラム❖　法律の改正

　国会で実際に制定される法律の多くは「○○法の一部を改正する法律」という題名をもつ，いわゆる一部改正法である。一部改正法は「第△条中『××』を『□□』に改める」という「改め文」で書かれており，既存の法律に「溶け込む」ことによって意味を獲得する。そのため，よほどの専門家でない限り一部改正法だけを

読んでも内容を理解することはできない。改正法律の内容を調べる際には，原文よりも参考資料として準備される新旧対照表をみた方がわかりやすいであろう。

第5講でみる安保関連法のうち，国際平和支援法は新法の制定であるが，平和安全法制整備法は自衛隊法など10本の法律の一部を一括改正する法律である。平和安全法制整備法のごく最初の一部だけを例として挙げておく。

我が国及び国際社会の平和及び安全の確保に資するための自衛隊法等の一部を改正する法律

第1条　自衛隊法（昭和29年法律第165号）の一部を次のように改正する。

第2条第5項中「第94条の6第3号」を「第94条の7第3号」に改める。

第3条第1項中「直接侵略及び間接侵略に対し」を削り，同条第2項第1号中「我が国周辺の地域における」を削る。

第22条第2項中「原子力災害派遣」の下に「，第84条の3第1項の規定による保護措置」を加える。〔以下略〕

---

③公務員の憲法尊重擁護義務　　大臣・議員・裁判官などの公務員には，職務遂行に際して憲法を尊重・遵守する義務である**憲法尊重擁護義務**が課されている（憲法99条）。

このほか，広く権力分立も憲法保障の仕組みとして機能する。ある機関が憲法に違反しても，他の機関によって抑制されうるからである。

しかしながら，憲法保障は以上の仕組みだけで行えるものではない。憲法の運用の成否は，主権者である国民の憲法意識にかかっている。

> **授 権 規 範**

ある法的行為（法令や処分など）が効力を有するのは，上位の法によってそのような法的行為を行うことを授権されているからである。行政処分（たとえば飲食店に対する営業停止処分）が効力を有するのは，行政庁に対してそのような処分を行うことを法律（食品衛生法）が授権しているからであり，法律が効力を有するのは憲法が国会に法律を制定することを授権しているからである。下位法は自己の妥当根拠を授権規範である上位法から得ており，その上位法はさらに上位の法から自己の妥当根拠を得ている。このように，あらゆる法的行為の妥当根拠は，授権の連鎖をたどり最終的には最高法規である憲法によって基礎づけられる。憲法は国家の機関を創設し，それに

図4-2　法の段階構造

一定の権限を授ける。国家機関がその授権の範囲内で行為する限り，その行為は法的効力を承認され，その法的効果は国家に帰属する。このように憲法は授権規範としての性格をもっている。授権することは，その授権の範囲内で権限を行使させることでもあるため，制限することでもある。したがって授権規範であることは同時に制限規範でもあることを意味する。立憲主義においては憲法の制限規範性が強調されるが，制限規範であることと授権規範であることは矛盾しない。

　下位法の制定は，上位法の授権の範囲内で上位法を具体化することでもある。形式面では授権関係の連鎖と捉えられる法の段階構造は，内容面では具体化の連鎖と捉えることができる（図4-2参照）。

　　理解できたかチェックしよう

① 「固有の意味の憲法」「立憲的意味（近代的意味）の憲法」「実質的意味の憲法」について，それぞれ説明しよう。そのうえで，立憲主義及び立憲的意味の憲法の特徴について説明しよう。
② 憲法保障の仕組みについて説明しよう。

第5講

国会と法律制定権

1 国会とは何か

国会議事堂 | 国会議事堂は東京都千代田区永田町1丁目にある。現在の建物は1936（昭和11）年に建設された。正門の正面にある中央玄関にはブロンズ製の重さ1トンを超える扉がある。この扉は，原則として，選挙後に召集される国会に議員が初登院するときや，天皇や外国の国賓を迎えるときにしか開かれない。

通常，バッチをつけた議員が出入りするのは，中央玄関の左にある衆議院玄関，右にある参議院玄関である。参議院玄関から入り右に行くと参議院本会議場がある。ここで参議院の本会議が開かれる。本会議場は2階部分にあり，3階まで吹き抜けとなっていて，天井にはからくさ模様を配したステンドグラスがある。議席は，議長席と演壇を中心として扇形に配置され，会派ごとに議員の席が決められている（これと同じ配置の衆議院本会議場と英国議会下院とを比較してみよう）。議長席の後ろには天皇の席があり，国会開会式で天皇はここから「おことば」を述べる。国会議事堂内には本会議場のほか複数の委員会室もあり，ここで委員会が開かれる。このほかにも多くの控室などがあり，赤じゅうたんの敷かれた廊下がそれらをつないでいる。

国民代表機関・
国権の最高機関 | 国会がどのような国家機関であるかは，日本国憲法第4章に規定されている。それをみると国会が憲法上きわめて重要な地位を与えられていることがわかる。

まず，国会は**全国民を代表する機関**である（憲法43条1項）。国会を組織する

国会議員は，主権者である国民の選挙によって選ばれる。

　次に，国会は「**国権の最高機関**」(同41条前段) である。この「国権の最高機関」を，国会が内閣や裁判所の上位に立ってそれらに指揮・命令できるという意味で理解すると，権力分立 (諸権力の抑制と均衡) を基本原理とする日本国憲法に適合しない。そのため「国権の最高機関」をどのように理解するかについては見解が分かれている。いずれにせよ，憲法は国会にきわめて高い地位を与えていることは確かである。

> 立 法 権

　さらに，国会は「**唯一の立法機関**」(憲法41条後段) でもある。法律を制定できるのは国会のみである。国法秩序において (条約をひとまず置けば) 最高法規である憲法に次ぐ形式的効力を有するのが法律である (第2講参照)。国家運営の基本ルールは憲法であるが，憲法は抽象的な原理原則を定めているにすぎない場合がほとんどであり，憲法上の要請を具体化するのは法律の役割である。

　国家の活動を法律に基づいて行わせ，そのような法律の制定に国民が関与できることが近代立憲主義の重要な要請である。この点を理解すれば，立憲主義を日本に導入しようとした明治初期において何よりも要請されたのが民選議院の設立であり，明治憲法が帝国議会の開会と同時に施行された (1890年11月29日) という事実の意味がよりよく理解できるであろう。

　法律を制定し，それに基づいて国家の活動を行わせることが国会の重要な任務であるが，法律では対応できない場合には憲法改正が必要になってくる。憲法改正が必要か否かについて判断し，必要と判断した場合には**憲法改正を発議**することも国会の重要な任務である (憲法96条1項)。

> 政府統制権

　そもそも議会は，国王の政府を統制するために設けられるようになった機関である。現代においても，国政の中心が内閣に置かれるようになり，国会の統制機能の重要性が強調されるようになっている。立法権も政府の活動を統制する機能を果たすが，そのほかにも国会には憲法上，予算議決権などの財政監督権 (憲法60条，83条〜91条)，条約締結承認権 (同61条)，内閣総理大臣指名権 (同67条) などの権限が与えられている。さらに法

律でも政府統制のためのさまざまな権限が国会に与えられている。自衛隊防衛出動の承認権（自衛隊法76条１項）がその例である。

衆議院と参議院 国会は衆議院と参議院から構成される（憲法42条）。このように議会が２つの院から構成される制度を両院制（二院制）という。これに対して議会が１つの院から構成されるものを一院制という。

　第二院は、「その意見が第一院と同じなら無用であり、異なるなら有害である」といわれ、その存在意義が問われ続けてきた。現在多く（約60％）の国では一院制が採用されている。連邦制国家では、全国民を代表する第一院のほかに、連邦を構成する州の利益を代表させるための第二院が設けられるのが通例である（アメリカが代表例）。そのような事情のない日本では参議院の存在意義が問題となる。①多様な意見・利害の反映、②第一院との抑制・均衡、③慎重な審議の確保、といった理由が挙げられることが多い。参議院がこれらの役割を適切に果たすには、衆議院と構成が異なっていることが必要である。しかし現在、両者の選挙制度は非常に似通っており、参議院が独自性を発揮しにくい状況になっている。

　衆議院の方が、任期が短く解散もある（憲法45条・46条）ので、参議院よりも民意を反映していると考えられるため、法律の制定などいくつかの事項に関して、衆議院の優越が認められている（同59条２項・４項など）。

2　法律はどのように制定されるか

法律案の提出 国会はどのような手続で法律を制定しているのだろうか。その第１の手続は法律案の提出である。憲法は誰が法律案の提出権をもつか定めていない。国会が唯一の立法機関（憲法41条）であるから、国会議員が法律案提出権を有するということに争いはない。国会法では、一定数の賛成を得た国会議員および委員会に法律案提出権を認めている（表5－1参照）。衆議院で提出されたものを「衆法」、参議院で提出されたものを「参法」と呼ぶ。

表 5 - 1　　法律案提出者

提出者	提出の要件	規　　定
議　　員	予算を伴わない場合——衆議院では20人以上，参議院では10人以上の賛成 予算を伴う場合——衆議院では50人以上，参議院では20人以上の賛成	国会法56条 1 項
委員会	所管事項のみ，委員長が提出	国会法50条の 2
内　　閣	閣議決定，内閣総理大臣が代表して提出	内閣法 5 条

　憲法上内閣に法律案提出権が認められるかについては争いがあるが，内閣法は内閣にも法律案提出権を認めている（同法 5 条）。内閣提出の法律案を「**閣法**」と呼ぶ。実際の運用においては，閣法が提出数・成立率ともに衆法・参法を上回っており，国会で制定される法律の大半は内閣が提出したものである。そのため議員が法律案を提出する**議員立法**の強化が主張されることが多い。臓器移植法（1997年），特定非営利活動促進法（NPO 法，1998年），性同一性障害者特例法（2003年）などが議員立法の代表例である。

法律案の審議　法律案が提出されると，それを所管する**委員会**に付託される（国会法56条 2 項）。重要な法律案の場合には，委員会付託の前後に本会議（「議院の会議」）で趣旨説明がなされる（同56条の 2 ）。

　委員会には**常任委員会**と**特別委員会**がある（同40条）。常任委員会は両院ともに17の専門領域に分かれた常設の委員会である（同41条）。議員は専門知識や関心に応じて各委員会の委員に選任される。特別委員会はとくに必要な案件について設置される（同45条）。法律案を含むすべての議案は，委員会で中心的に審議（「審査」という）される。これを**委員会中心主義**という。これには審議の専門化および効率化という利点がある。委員会で審査が終わると採決が行われる。表決は出席委員の過半数による（同50条）。

　委員長は委員会審査の経過および結果を議院に報告する（同53条）。その後，場合によっては質疑や討論が行われてから，本会議での採決が行われる。表決は出席議員の過半数による（憲法56条 2 項）。委員会の委員は，各会派の所属議

員数の比率に応じて選任される（国会法46条）ので，委員会で可決された法律案が本会議で否決されることは実際にはほとんどない（2005年郵政民営化法案が参議院本会議で否決された例もあるように，まったく存在しないわけではない）。このようにして，一方の議院で法律案が可決されると，他方の議院に送付され，同様の手続で審議・採決が行われる。

法律案の議決 法律案が可決されるには，原則として両議院の一致した議決が必要である（憲法59条1項）。どちらかの議院で否決されれば廃案となるのが原則である。A議院で可決された法律案がB議院で修正可決された場合には，修正された法律案についてA議院の可決（同意）が必要である。このように法律案の可決には両議院一致の議決が必要であるが，この原則には次の2つの例外がある。

①**衆議院の再可決** 衆議院で可決した法律案を，参議院が否決または修正可決したときに，衆議院が出席議員の**3分の2以上の多数で再可決**した場合には，衆議院の議決だけで法律は成立する（憲法59条2項）。衆議院の優越の1つである。海賊対処法（2009年）などがこの例である。

また，衆議院が可決した法律案について，参議院が**60日以内**に議決しないときには，衆議院は参議院がその法律案を否決したものとみなすことができる（憲法59条4項）。これは「60日ルール」や「みなし否決」と呼ばれる。この場合，衆議院は，参議院が否決したものとみなす決議を行った後，出席議員の3分の2以上の多数で再可決することにより，衆議院の議決だけで法律を成立させることができる。衆議院小選挙区の区割り改定法（2013年）などがこの例である。

②**参議院の緊急集会** 衆議院の解散後，国に緊急の必要があるときには，参議院の緊急集会が開かれる。参議院の緊急集会では参議院の議決だけで法律は成立する（例：1953年国会議員の選挙等の執行経費の基準に関する法律の一部を改正する法律）。ただし，次の国会開会後10日以内に衆議院が同意しない場合には効力を失う（憲法54条2項・3項）。

法律の公布　以上で法律は有効に成立したことになる。しかし，法律が国民に対して拘束力をもつ（施行される）ためには，法律の内容を国民が知り得るようにしなければならない。法律に従って国家の活動を行わせることによって国民に**予測可能性**を保障するというのが法治国家の重要な要請である。知ることのできない法律に拘束されるのでは，国民は不測の損害を被りかねない。そのため「近代民主国家における法治主義の要請」として，国民は法律の内容を知ることができなければならない（最大判1957〔昭和32〕・12・28刑集11巻14号3461頁）。

　成立した法令を公表して国民が知り得るようにすることを**公布**という。公布は天皇の国事行為である（憲法7条1号）。公布の方法を定めていた公式令は日本国憲法施行（1947年5月3日）と同時に廃止され，これに代わる法令は未だに定められていない。実際には，公式令廃止後も従前の方法に従って**官報**に掲載することによって公布を行っている（官報は図書館に所蔵されているほか，現在ではネットでも閲覧することができる）。官報に掲載することが公布の必要十分条件である。テレビ・新聞・ネットなど各種のメディアによって国民に法律の内容の周知徹底を図ったとしても，官報に掲載されない限り公布があったことにはならない。他方，官報に掲載され，国民が法律の内容を知ろうと思えば知り得る状態になった以上，「そんな法律は知らなかった」という言い訳は通用しない（「法の不知は害する」）。

法律の施行　法の適用に関する通則法は，原則的な施行期日として，公布の日から20日経過した日から施行すると定めている（同法2条本文）。しかし，この規定が実際に使われることはなく，各法律の**附則**で施行期日が定められるのが通例である。そのため，公布後ただちに施行される法律もある（たとえば，国旗国歌法や元号法の附則を参照）が，施行まで長い期間が置かれる法律もある（たとえば，国民への周知や準備が必要だった「裁判員の参加する刑事裁判に関する法律（裁判員法）」は，2004年5月の成立・公布から5年後の2009年5月から施行された）。

法律の公布の例

我が国及び国際社会の平和及び安全の確保に資するための自衛隊法等の一部を改正する法律をここに公布する。＊1
　　御　名　　御　璽＊2
　　　　平成27年9月30日
　　　　　　　　　　　　　　　　　　　　　　　　　内閣総理大臣臨時代理
　　　　　　　　　　　　　　　　　　　　　　　　　　国務大臣　麻生　太郎＊3
法律第76号＊4
　我が国及び国際社会の平和及び安全の確保に資するための自衛隊法等の一部を改正する法律＊5
第1条　〔以下，法律の内容略〕
　　　　　　　　　　　　　　　　　　　　　　　　　内閣総理大臣臨時代理
　　　　　　　　　　　　　　　　　　　　　　　　　　国務大臣　麻生　太郎
　　　　　　　　　　　　　　　　　　　　　　　　　　総務大臣　山本　早苗
　　　　　　　　　　　　　　　　　　　　　　　　　　　　…
　　　　　　　　　　　　　　　　　　　　　　　　　　防衛大臣　中谷　　元＊6

＊1　公布文。
＊2　天皇の署名と公印。官報や法令集ではこのように表記され，「ぎょめいぎょじ」と読む。
＊3　内閣総理大臣が日付を記載したうえで副署する。天皇の国事行為である法律の公布が内閣の「助言と承認」に基づいて行われたことを示す。安倍首相は国連総会への出席などのためアメリカ訪問中であり，内閣法9条により第一順位の臨時代理に指定されている麻生太郎国務大臣（財務省）が署名している。
＊4　法令番号。法令の種類に応じて毎年つけられる番号であり，「平成○年法律×号」「昭和△年政令□号」などのように表記される。法令のIDであり，正式な公文書の中では使用されるが，大学での学習では法令名だけで特定できる法令がほとんどであり，使う必要も覚える必要もない。
＊5　法律の題名。
＊6　主任の国務大臣の署名と内閣総理大臣の連署（憲法74条）。関係するすべての大臣が署名するため，本法律では12人の大臣の署名がある。内閣府の所管でもあるため，内閣府の長としての内閣総理大臣（臨時代理）が最初に署名をしている。この場合には内閣総理大臣としての連署を重ねて行うことはしない。

3　法律はどのように制定されたか

　法律制定の実際においては，内閣提出法律案（閣法）が多数を占め，原則通り両院（衆議院と参議院）一致の議決によって制定されるのが通例である。ここでは，安保関連法案（正式名称は後に出てくるが，政府は「平和安全法案」と，反対派は「戦争法案」と呼んだ）がどのように制定されたかについてみてみよう（表5‐2参照）。

表 5‐2　安保関連法案の制定過程

2013年 2 月 8 日	安保法制懇第 1 回会議（～2014年 5 月15日第 7 回会議）
2014年 5 月15日	安保法制懇「報告書」提出
7 月 1 日	「国の存立を全うし，国民を守るための切れ目のない安全保障法制の整備について」閣議決定
2015年 1 月26日	常会召集 *1
5 月14日	「平和安全法制関連 2 法案」閣議決定
5 月15日	衆議院に法律案を提出 *2
5 月19日	衆議院「我が国及び国際社会の平和安全法制に関する特別委員会」に付託
5 月26日	衆議院本会議で趣旨説明・質疑 *3
6 月22日	会期延長を決定 *4
7 月13日	衆議院平和安全法制特別委員会が公聴会を開催 *5
7 月15日	衆議院委員会審査終了・可決
7 月16日	衆議院審議終了・可決　→　参議院に送付
7 月27日	参議院本会議で趣旨説明・質疑 *3
	参議院「我が国及び国際社会の平和安全法制に関する特別委員会」に付託
9 月14日	「60日ルール」（憲法59条 4 項）が適用可能になる
9 月15日	参議院平和安全法制特別委員会が公聴会を開催 *5
9 月17日	参議院委員会審査終了・可決
9 月19日	参議院審議終了・可決
9 月30日	公布 *6

＊1　国会は一年中活動するのではなく，特定の期間のみ活動するという制度（**会期制**）をとっている。会期には，常会（通常国会），臨時会（臨時国会），特別会（特別国会）の 3 つがある（憲法52～54条）。常会は毎年 1 月中に召集される（国会法 2 条）。日本の会計年度は 4 月 1 日から始まる（財政法11条）ため，常会の前半は来年度の予算について審議することが中心的な課題となる。

＊2　必ず衆議院に先に提出しなければならない予算（憲法60条 1 項）とは異なり，法律案についてはどちらの議院を先議とするかに関する決まりはなく，与党の国会対策委員会によって決められる。重要法案は衆議院先議とするのが通例であり，実際にはほとんど（9 割弱）の法律案が衆議院先議となっている（衆議院先議の場合には参議院で否決されたとしても 3 分の 2 以上の再可決によって法律を成立させる可能性がある）。審議の能率を図るため，先議の議院（多くの場合衆議院）に法律案を提出したときは，予備審査ができるよう後議の議院（多くの場合参議院）にも法律案を送付することとされている（国会法58条）。安保関連法案も 5 月15日に予備審査のために参議院に送付された。

＊3　重要な法律案であるため本会議における趣旨説明が行われた（国会法56条の 2 ）。

＊4　会期中に可決されなかった法律案は，**会期不継続の原則**（国会法68条本文）が採用されているため，次の会期で引き続き審議されるわけではなく，審議未了・廃案となる。常会の会期は150日である（国会法10条）が，1 回に限り延長することができる（同法12条）。会期の延長とその日数は両議院一致の議決によって決定するが，「両議院の議決が一致しないとき，又は参議院が議決しないとき」には衆議院の議決のみで決定することができる（同法13条）。6 月24日で常会の会期が終了してしまうため，「60日ルール」（憲法59条 4 項）の適用も視野に，9 月27日まで95日間の大幅延長とした。なお，国会法では，初日不算入の原則を採用する一般的な期間計算（民法140条）とは異なり，初日を算入して計算する（国会法14条，133条）。特別法（国会法）の規定が一般法（民法）の規定に優先する（第 2 講参照）。

＊5　重要な案件について利害関係人や学識経験者等の意見を聴取するために委員会は公聴会を開くことができる（国会法51条 1 項）。開催義務の定められている総予算および重要な歳入法案（同 2 項）とは異なり，開催するか否かは委員会が決定する。議案によってはいくつかの都市で地方公聴会が開催されることもある（参議院特別委員会では 9 月16日に横浜市で開催された）が，これは国会法・議院規則の定める正式の公聴会ではない。

＊6　官報号外224号に掲載。施行日については両法律の附則 1 条で，平和安全法制整備法は「公布の日から起算して 6 月を超えない範囲内において政令で定める日から施行する」と，国際平和支援法は平和安全法制整備法施行の日から施行すると定められている。

法律案の提出 内閣提出法律案の場合，担当府省の官僚が起案し，内閣法制局の審査や関係省庁との協議，与党との調整などを経て，法律案の閣議決定・国会提出というのが通例である。安保関連法案の場合には内閣の強い意向に基づいて進められたという点に特徴がある。また，重要な法律の場合には審議会等の意見を聴取し，その答申を基にして制定・改正を行う場合が多い（たとえば，民法や刑法の場合には，法務省に設置されている法制審議会の答申を踏まえて改正が行われる）。安保関連法案の場合には，首相の私的諮問機関として「安全保障の法的基盤の再構築に関する懇談会」（安保法制懇）が設けられ，その報告書を受けて法律の制定が進められた。

　政府は従来，「自国と密接な関係にある外国に対する武力攻撃を，自国が直接攻撃されていないにもかかわらず，実力をもって阻止する権利」である集団的自衛権について，わが国も主権国家である以上当然に保有しているが，行使することは憲法9条に違反し許されないと解釈してきた。安倍首相は第一次内閣（2006年9月〜2007年8月）の時にも，安保法制懇を設けて，こうした従来の解釈を変更しようと試みたが，体調不良が原因で辞職したため果たせなかった。2012年12月に首相に返り咲いた後，再び解釈の変更に乗り出し，安保法制懇も活動を再開した。安保法制懇の報告書に基づき，安倍内閣は集団的自衛権の限定行使を容認する閣議決定を行い，従来の政府解釈を変更した（2014年7月1日）。もちろん閣議決定によって自衛隊の活動が変わるわけではなく，そのためには国会が法律を改正することが必要である。そこで「平和安全法制関連2法案」，すなわち平和安全法制整備法案（我が国及び国際社会の平和及び安全の確保に資するための自衛隊法等の一部を改正する法律案）および国際平和支援法案（国際平和共同対処事態に際して我が国が実施する諸外国の軍隊等に対する協力支援活動等に関する法律案）が閣議決定され，国会に提出された。

法律案の審議 法律案は衆議院に先に提出され，「我が国及び国際社会の平和安全法制に関する特別委員会」という特別委員会（国会法45条）に付託された。委員会での審査を経て，賛成多数で可決された。翌日，本会議に上程され，委員会審査報告，討論を経て賛成多数で可決された。同

日，法律案は参議院に送付された。

　参議院でも同様に「我が国及び国際社会の平和安全法制に関する特別委員会」に付託された。衆議院による送付から60日を経過し，衆議院の再可決による法律の成立が憲法上可能になる中で，参議院の審議は荒れた。多くの野党がさまざまな議事妨害戦術を用いて審議の引き延ばしを図ったのに対して，与党はいくつかの野党の賛成を取りつけて委員会，ついで本会議において賛成多数で可決させた。このようにして両議院一致の議決によって法律は成立した。

理解できたかチェックしよう

1　国会の憲法上の地位と権限を説明しよう。
2　法律はどのような手続で制定されるか説明しよう。

第 **6** 講

裁判所のあらまし

1　裁判所の種類

最高裁判所は，裁判所法によって東京に置かれることとされて
おり（同法 6 条），東京都千代田区隼町（三宅坂）にある。東に
はお濠越しに皇居に臨み，北には国立劇場，南には道路を挟んで国会図書館が
ある。さらに南に国会議事堂，総理大臣官邸があり，日本の国政の中心の一翼
を形づくっている。1974（昭和49）年に設立された現在の庁舎は，鉄筋コンク
リート造りで，外観に派手さはないが，日本の最上級の裁判所としての威厳を
備えている（たとえば，ガラス張りのドイツ連邦憲法裁判所と比較してみよう）。

最高裁判所には，**大法廷**と**小法廷**があり，15人（1 人の最高裁判所長官と14人
の最高裁判所判事）全員で構成されるのが大法廷（憲法79条 1 項，裁判所法 5 条 1
項・3 項，9 条 2 項），各 5 人によって構成されるのが小法廷で，**第一小法廷・
第二小法廷・第三小法廷**の 3 つがある（最高裁判所裁判事務処理規則 1 条，2 条 1
項）。最高裁判所は，戦後新設される際に内閣を意識して構想されたので，最
高裁判所の組織については内閣と対比して学ぶのが有益である（**表 6 - 1** 参
照）。最高裁判所においては，原則として小法廷で審理・裁判するが，①はじ
めての憲法判断，②違憲判断，③判例変更など重大な問題を扱う場合には大法
廷での審理・裁判が必要とされている（同 9 条，裁判所法10条）。

最高裁判所の任務として重要なのは，①**法解釈の統一**と②**憲法保障**である。
①法解釈が分かれることはしばしばあり，その場合には全国にただ 1 つしか存
在しない最高裁判所によって法解釈の統一が図られる。したがって判例違反は

表6-1　最高裁判所と内閣の対比

	任　命	人　数
最高裁判所長官	内閣の指名＋天皇の任命 （憲6条2項，裁39条1項）	1人
内閣総理大臣（首相）	国会の指名＋天皇の任命 （憲6条1項・67条）	1人
最高裁判所判事	内閣の任命＋天皇の認証 （憲79条1項，裁39条2項・3項）	14人 （裁5条3項）
大　臣	首相の任命＋天皇の認証 （憲68条1項・7条5号）	原則14人以内* （内閣2条2項本文）

＊実際には17〜20人（第7講参照）。

最高裁判所で争う理由となる（民事訴訟法318条1項，刑事訴訟法405条2号・3号）。また，②最高裁判所はしばしば「憲法の番人」と称されるように，「一切の法律，命令，規則又は処分が憲法に適合するかしないかを決定する権限を有する終審裁判所」（憲法81条）でもあるため，憲法保障も重要な任務である。したがって憲法違反の主張も最高裁判所で争う理由となる（民訴312条1項・327条・336条1項，刑訴405条1号）。

　下級裁判所　下級裁判所には，**高等裁判所**（高裁），**地方裁判所**（地裁），**家庭裁判所**（家裁），**簡易裁判所**（簡裁）がある（裁判所法2条1項）。高等裁判所は全国8の都市（札幌・仙台・東京・名古屋・大阪・広島・高松・福岡）に，地方裁判所および家庭裁判所は全国50の都市（各都道府県庁所在地のほか函館・旭川・釧路）に，簡易裁判所は全国438の都市に置かれている（下級裁判所の設立及び管轄区域に関する法律）。高等裁判所は原則として第二審（控訴審）を担当し（裁判所法16条），地方裁判所は原則として第一審を担当する（同24条）。家庭裁判所は家事事件・少年事件を扱い（同31条の3），簡易裁判所は少額の民事事件や軽微な刑事事件を扱う（同33条）。まずは，近くの地方裁判所に傍聴に行ってみるとよい（傍聴は自由である）。日本の裁判所には，「静粛に」という木槌はないことなどがわかるだろう。

2　裁判所の扱う事件

刑事事件
犯罪の嫌疑がある者に刑罰を科すか否か（有罪か無罪か）を決める手続が刑事裁判である。国民を代表する国会が事前に「法律」によって犯罪と定めた行為のみが犯罪となる（**罪刑法定主義**）。そうした犯罪行為（たとえば刑法199条によって犯罪とされている殺人行為）が行われた場合，警察官が捜査をし（刑事訴訟法189条），検察官が起訴（公訴提起）をする（同247条）。被告人には「公平な裁判所の迅速な公開裁判を受ける権利」が保障されており（憲法37条1項），公開の法廷で公平・中立な裁判官に自己の言い分を聞いてもらう機会が与えられる。裁判所は，当事者（検察官と被告人・弁護人）双方の言い分を聞いたうえで，証拠に基づいて事実認定を行い（刑事訴訟法317条），有罪か無罪かを決定する。その際，有罪であることの確信がもてなければ無罪とするのが刑事裁判の原則である（無罪推定の原則：「疑わしきは被告人の利益に」）。有罪の場合には，量刑の決定も行う。2009年5月から，一定の犯罪について，こうした有罪・無罪の決定および量刑の判断に，国民が「裁判員」として参加する**裁判員制度**が行われている。

民事事件
たとえば，貸したお金を返してもらえない，事故でケガをさせられた，などの民事上の紛争は，日常生活でしばしば発生する。それら民事事件のすべてが裁判によって解決されるわけではなく，和解・調停・仲裁のような裁判外紛争解決手続（ADR）によって解決されることも多い。民事法の領域では，**私的自治**が大原則であるため，どのように紛争を解決するかについても個々人の自由に委ねられる。刑事では裁判によらずに刑罰を科すことは許されないのに対して，民事事件は裁判によって解決する必要はない。しかし，裁判による解決を求めた場合には，国家は裁判を拒絶してはならない（憲法32条）。近代国家においては，個人による**自力救済**は原則として禁止されているため，その代償として，権利侵害に対する救済を求めて国家の設営する裁判所への訴え提起（司法へのアクセス）が保障されなければならない。自

力救済の禁止と裁判所による救済を通じて「力による紛争解決」ではない「法による紛争解決」が図られる（第1講参照）。

行 政 事 件 たとえば，営業許可の申請に対して不許可処分がなされた場合にその不許可処分の取消しを求める訴えのように，「公権力の行使」に対する不服を裁判所に申し立てることができる。行政事件についても，特別な行政裁判所ではなく，通常の司法裁判所が扱うという点が，次にみるように日本国憲法下の裁判所制度の1つの大きな特徴である。

3　裁判所の特徴

一元的構成 日本の裁判所制度は，一元的に構成されているということ，すなわち，1つの最高裁判所を頂点とした1つのピラミッド構造を成しているという点に大きな特徴がある。こうしたピラミッドの系列に属さない特別裁判所は禁止されている（憲法76条2項）。一般に英米法諸国では一元的な裁判所制度が採用されているのに対して，フランス・ドイツなどの大陸法諸国では二元的あるいは多元的な裁判所制度が採用されており（表6-2参照），行政事件は通常の司法裁判所の系列には属さない行政裁判所が扱うのが通例である。日本でも，明治憲法下においては大陸法系の裁判所にならい，大審院を頂点とする通常裁判所の系列のほかに行政裁判所が置かれていた（明治憲法61条）。しかし，占領米軍の強い影響の下に制定された日本国憲法の下では一元的な裁判所制度が採用されている。

表6-2　大陸法と英米法の対比

	大陸法	英米法
法源*	成文法主義	判例法主義
裁判所の構成	二元的（多元的）構成	一元的構成
裁判官	職業裁判官	法曹一元制
司法への国民参加	参審制	陪審制

＊法源における大陸法と英米法の相違については第1講参照。

| 審　級　制 | 裁判所の裁判に不服がある場合には，上級裁判所に上訴することができる。まずは，地方裁判所の第一審判決に対して高等裁

判所に**控訴**し，高裁の控訴審判決に対して最高裁判所に**上告**するという**三審制**を理解することが重要である。ただし，次の２点に注意する必要がある。第１に，これはあくまで原則的な審級関係であり，これと異なるものも多く存在すること。第２に，最高裁判所への上告は大きく制限されていること（最高裁判所が①法解釈の統一，②憲法の番人という任務を適切に遂行できるように，上告理由が①判例違反，②憲法違反などに限定されている）。

| 司法権の独立 | 権力分立を説いたモンテスキューは裁判権を「非常に恐ろしい」ものと捉えていた（『法の精神』第11編６章）。それに対し

て，アメリカ合衆国「建国の父」の１人アレクサンダー・ハミルトンは司法部を「最も危険が少ない」ものと捉えていた（『ザ・フェデラリスト』第78編）。しかし両者とも，裁判所が他の権力と結びついた場合には国民の権利・自由を脅かす圧政的な機関となりかねないと考えていた点は共通している。それだけでなく，裁判所が法に基づいて公正に判断するという本来の任務を適切に遂行できるためには，外部，とりわけ政治部門から圧力を受けないようにすることが必要である。それゆえに「**司法権の独立**」が要請される。その具体的内容は大きく２つに分けることができる。まず１つは「司法府の独立」である。これは，裁判所が全体として，とくに政治部門（立法府・行政府）との関係で独立していることを意味する。この「司法府の独立」を確保するために，最高裁判所には規則制定権（憲法77条）が認められており，行政府ではなく最高裁判所が司法行政を行っている（裁判所法80～82条）。もう１つは「裁判官の**職権行使の独立**」（憲法76条３項）であり，こちらが「司法権の独立」の中核をなす。これは，事件を担当する裁判官が他の者の指示に拘束されず，法のみに基づいて職権を行使することを意味する。したがって，他の者（政治部門だけでなく，上級裁判所の裁判官や先輩裁判官も含む）が担当裁判官に不当な影響を与えるような干渉を加えることは許されない。この「職権行使の独立」を確保するために，裁判官は憲法上・法律上，その**身分が保障**されており（憲法78条，裁判所法48

条），さらに兵糧攻めをも防ぐためにその報酬も保障されている（憲法79条6項・80条2項）。

❖コラム❖　**大津事件**

　「司法権の独立」の問題を考える際に興味深い例を提供してくれるのが**大津事件**（1891年5月）である。訪日中のロシア皇太子（後の皇帝ニコライ2世）が琵琶湖遊覧の帰途，滋賀県大津で警備中の巡査・津田三蔵によって斬りつけられて負傷するという事件が起こった。ロシアとの関係悪化を恐れた日本政府（第一次松方正義内閣）は，日本の皇族に対する罪を類推適用して犯人を死刑にするよう裁判所に圧力をかけたが，時の大審院長・**児島惟謙**（「こじま・いけん」とも読む：1837～1908年）がこれに強く反対し，その結果として法を曲げることなく当時の刑法に従った裁判がなされた。そのため，大津事件は「司法権の独立」を守った事件として名高く，児島は「護法の神」と称えられる。確かに，政府の圧力に屈しなかった点は①「司法府の独立」を守ったといえるだろう。しかし，児島自身は担当裁判官ではなく，むしろ担当裁判官たちに対して説得して回っている。このような行為は，②「裁判官の職権行使の独立」の観点からは，どのように評価されるであろうか。

4　裁判所の権限

司法権　　憲法によって裁判所に付与されているのは**司法権**である（憲法76条1項）。立法権を国会に付与する憲法41条，行政権を内閣に付与する憲法65条とともに，司法権を裁判所に付与することを定める憲法76条は，日本国憲法の三権分立を表す重要な権限分配規定である。そして，この司法権とは，「法律上の争訟」を「裁判」すること（裁判所法3条1項）であると理解するのがオーソドックスな見解である。

法律上の争訟　　そこで「**法律上の争訟**」とは何かが問題となる。最高裁判所の判例によれば「当事者間の具体的な権利義務ないし法律関係の存否に関する紛争であって，かつ，それが法令の適用により終局的に解決することができるもの」（板まんだら事件：最判1981〔昭和56〕・4・7民集35巻3号443頁ほか）とされている。すなわち，①具体的な法的紛争があること（具体的

事件性），②法令の適用による解決が可能であること（法的解決可能性）が要件
となる。したがってたとえば，①村議会の予算議決のように，それだけでは
「具体的な権利義務に直接関係」のない行為をめぐる紛争や，②国家試験の合
否判定のような「法令の適用によって解決するに適さない単なる政治的または
経済的問題や技術上または学術上に関する」紛争は，「法律上の争訟」に該当
しない。そのような紛争は司法権の対象外であるから，裁判所による裁判を求
めることはできず，「**訴え却下**」（不適法却下）となる（戦わずに門前払いとなった
「訴え却下」と，戦って負けた「請求棄却」は，意味がまったく異なるので決して混同
してはならない）。

| 違憲審査権 |

裁判所には「一切の法律，命令，規則又は処分が憲法に適合す
るかしないかを決定する権限」（**違憲審査権**）が付与されている
（憲法81条）。これは**憲法保障**を図るうえで最も実効的な制度である（第**4**講参
照）。ただし，この違憲審査権は，ドイツのように法令などが憲法に適合する
か否かを主題として専門的に扱う憲法裁判所によってではなく，通常の司法裁
判所によって行使される（アメリカ型）。司法裁判所の任務は法令を解釈・適用
して具体的事件を解決することであり，その際に前提問題として適用すべき法
令が憲法に違反するか否かを審査し，違憲と判断した場合にはその適用を拒否
できる。これが違憲審査権の意味であり，司法権の行使に付随して違憲審査が
行われるので**付随的審査制**といわれる。したがって，「法律上の争訟」とは無
関係に，抽象的に法令の違憲性について判断することはできない（警察予備隊
訴訟：最大判1952〔昭和27〕・10・8民集6巻9号783頁）。これに対してドイツの憲
法裁判所は抽象的審査も可能である。また，最高裁判所だけでなく，同じく司
法権を行使する下級裁判所も違憲審査権を有する（最大判1950〔昭和25〕・2・1
刑集4巻2号73頁）。これに対してドイツでは憲法違反と判断できるのは憲法裁

表6-3　違憲審査制のドイツ型とアメリカ型

| ドイツ型 | 特別な憲法裁判所 | 主要問題型 | 抽象的審査 | 集中型 |
| アメリカ型 | 通常の司法裁判所 | 前提問題型 | 付随的審査 | 非集中型 |

判所だけであり，他の裁判所が適用すべき法律を憲法違反と考えた場合には手続を中止して憲法裁判所の裁判を求めなければならない（違憲審査権が憲法裁判所に集中しているため「集中型」と呼ばれる）。

　中学・高校では，「違憲立法（法令）審査権」を与えられた最高裁判所は「憲法の番人」である，と習ってきたのではないだろうか。間違いではないが，次の3点にとくに注意する必要がある。①違憲審査の対象は「立法（法令）」には限定されない。そのため「違憲立法（法令）審査権」という名称は適切ではなく，大学では単に「違憲審査権」というのが通例である。②違憲審査権を有するのは最高裁判所に限られない。下級裁判所も違憲審査権を有する（非集中型）。③あらゆる憲法上の問題について裁判所が違憲審査権を行使して憲法判断を下せるわけではない。裁判所では争えない憲法問題も数多く存在しているのである。

理解できたかチェックしよう

1　裁判所の種類と裁判所の扱う事件について説明しよう。
2　「司法権の独立」「法律上の争訟」「違憲審査権」について，それぞれ説明しよう。

内閣・内閣と国会

1　内閣と国会の関係

(1)　内閣とは何か

> **総理大臣官邸**

総理大臣官邸（総理官邸，首相官邸，官邸）は東京都千代田区永田町２丁目にある。現在の建物は，地上５階，地下１階で，2002年から使用されている。ここで内閣の首長である**内閣総理大臣**（総理大臣，首相）が日常的に執務をする。首相は官邸に隣接する総理大臣公邸（旧官邸を改修した建物）に居住するのが通例である。

　毎週火曜と金曜の朝には各省庁から**国務大臣**（大臣）が官邸に集まり，官邸４階の閣議室で行われる**閣議**（定例閣議）に臨む（国会開会中は院内閣議室で行われる）。首相を中心に大臣がコの字型に座っている様子がテレビでよく放映されるが，あれは閣議前の閣僚応接室での様子である。閣議は非公開のためテレビで放送されることはない。

　このほか閣僚懇談会や各種の政策会議が行われるのも官邸である。このように官邸は首相と大臣から構成される内閣の活動の場である。

> **内閣の組織**

内閣は内閣総理大臣と国務大臣からなる**合議体**である。国務大臣は原則14人以内で，特別に必要がある場合には17人まで増員することができる（内閣法２条２項）。ただし，復興大臣のほか，五輪担当大臣や万博担当大臣のように，期間限定で大臣が増設されることがある（内閣法附則２項～４項）。法令は本則だけでなく附則まで読むことが重要である。

　内閣において総理大臣は**首長**（憲法66条１項）であり，内閣の代表権（同72

条）のほか，**国務大臣の任免権**（同68条），閣議における重要政策に関する基本的な方針の発議権（内閣法4条2項），権限疑義の裁定権（同7条）など，内閣を統率する権限が与えられている。

　内閣の意思決定は**閣議**によって行われ（内閣法4条1項），内閣総理大臣が閣議を主宰する（同2項）。閣議に関する事項の多くは，内閣法などには規定されておらず，確立した慣習によっている。それによれば，閣議は公開されず（2014年4月から議事録が公開されるようになった），決定は**全員一致**による。

　内閣自体は小規模な組織であるが，国の行政府の最高機関である内閣の下には膨大な官僚機構（憲法72条の言葉では「行政各部」）が存在している（第8講図8-1参照）。内閣は，それら行政各部の**総合調整**を図り，国家の総合的・戦略的方向付けを行うべき地位，すなわち「**国務を総理する**」（憲法73条1号）という高度の統治・政治作用を行うべき地位にある。このような考え方に立脚する行政改革会議『最終報告』（1997年）に基づいて，内閣機能の強化，内閣総理大臣の国政運営上の指導性の明確化を図るための**行政改革**が行われた（1999年の内閣法改正など）。その際に重視されたのが内閣および内閣総理大臣の補佐・支援体制の整備である。具体的には，「内閣の補助機関であるとともに，内閣の首長たる内閣総理大臣の活動を直接補佐・支援する企画・調整機関」として「総合戦略機能」を担う**内閣官房**の機能強化・人員拡充や，内閣および内閣総理大臣の「知恵の場」として各省より「一段高い立場から」横断的な企画立案・総合調整を行う**内閣府**の新設（内閣府は前身にあたる総理府とは異なり，他の省と横並びの関係にはなく，各省に関する通則法である国家行政組織法は適用されない。第8講図8-1も参照）などの改革が行われた。

(2)　内閣と国会

> **内閣と国会の接触**

小さな合議体である内閣が行政権の最高機関である（憲法65条）。それに対して国会は衆議院と参議院からなる大規模な合議体であり，これが立法権を行使する（憲法41条）。このように立法機関と行政機関は分立している。

ところが，国会議事堂や総理大臣官邸では，内閣と国会が渾然一体になっているようにみえることがある。両院の本会議場では議員席より高いところに議長席がおかれ，それを中心として左右に大臣席がある（議員席の左側最も近くに内閣総理大臣の席がある）。常会の冒頭に両院の本会議場で行われる内閣総理大臣の施政方針演説などの場合には，この席にすべての国務大臣が勢揃いしている。同じような光景は両院の予算委員会などにおいてもみられる。他方，官邸では政府・与党協議会などで内閣，少なくともその一部と国会議員が頻繁に接触している。

大 統 領 制　このように内閣と国会が接触しているのは**議院内閣制**を採用しているためである。議院内閣制は議会と行政府の関係についての１つのタイプである。別のタイプとして大統領制がある。大統領制と対比することで議院内閣制の特徴をよりよく理解できるであろう（図7-1参照）。

　アメリカ合衆国を典型例とする**大統領制**では，議会と行政府が**厳格**に**分立**している。独任制行政権者（行政権の主体が合議体ではなく１人の者であること）である大統領は国民によって選挙され，議会とは別に国民を代表し，国民に対して責任を負う。大統領は議会に議案を提出することはできず，議会を解散することもできない。大統領は閣僚（行政長官）を議会の議員の地位とは無関係に任命する。閣僚も議会での発言権をもたない。他方，議会は大統領から独立して議案を審議・議決する。大統領と議会とが接触することはほとんどない。大統領が毎年１月に連邦議会で行う一般教書演説が，大統領と連邦議会とが接触する数少ない機会である。このようにして大統領制では大統領と議会が完全に独立して相互に抑制し合う。

議院内閣制　英国で発達した議院内閣制では，内閣が議会の**信任**を受けて成立し，議会と内閣は**分立**しながらも，相互に**抑制**し合いつつ，**協働**して国政を行う。この制度では，内閣は国民に対してではなく議会に対して**責任**を負う。議会は内閣の責任追及手段として不信任決議権を有し，他方で内閣は議会の解散権を有するというかたちで相互の抑制と均衡が図られる。協働する議会と内閣はさまざまな点で接触する。

図 7 - 1 　議院内閣制のモデルと大統領制のモデル

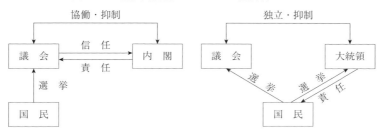

日本の議院内閣制

日本国憲法における国会と内閣の関係をみると，次のように，先に述べた議院内閣制の諸要素が定められており，議院内閣制が採用されていることがわかる。

①立法機関としての国会と行政機関としての内閣が分立している（憲法41条・65条）。

②国会が国会議員の中から内閣総理大臣を指名する（同67条1項）。

③大臣の過半数は国会議員でなければならない（同68条1項但書）

④内閣は国会に対し連帯して責任を負う（同66条3項）。

⑤首相・大臣は両議院に出席し，発言する（同63条）。

⑥衆議院は内閣不信任決議権を有する（同69条）。

⑦内閣は衆議院を解散する（同7条・69条）。

2　衆議院の解散

衆議院解散の前後

内閣が衆議院を解散する場合，次のような手続をとる。まず，内閣が衆議院の解散について閣議決定を行う。内閣は宮内庁を通じて天皇に「日本国憲法第7条により，衆議院を解散する」という文面の 詔 書 を要請する。解散詔書の原案に天皇の御名御璽が付され，内閣に届けられた解散詔書に内閣総理大臣が副署する。内閣官房長官が，「紫のふくさ」に包まれた詔書の入った黒塗りの盆をもって衆議院本会議場に入場し

て詔書を衆議院議長に渡し，衆議院議長が詔書を朗読する。これにより解散と
なる。この後，衆議院議員が万歳三唱をして議場を立ち去るのが，帝国議会以
来の慣例である。

　次に解散後はどうか。憲法の規定に従い，国会は閉会し（憲法54条2項本
文），40日以内に総選挙，総選挙から30日以内に国会（特別会）召集（同条1
項），内閣総辞職（同70条），国会による内閣総理大臣の指名（同67条），天皇に
よる内閣総理大臣の任命（同6条1項）と続く。

　実際には，内閣総理大臣の指名後すぐに総理官邸で国務大臣の人選が行わ
れ，それが終わった後，天皇が宮中で内閣総理大臣の任命とともに国務大臣の
認証（同7条5号）を行っている。なお，旧内閣の総辞職から新内閣の組織ま
での新旧交代期には，旧内閣が引き続き職務を行う（同71条）。

　日本国憲法の下では与党が総選挙で勝利しても，内閣は総辞職しなければな
らない（憲法70条）。この点で英国とは異なっている。ただし，解散の後に総選
挙があり，それによって政権交代がありうることには日本と英国で差はない。
いずれにせよ解散とそれに続く総選挙は，憲法政治上最も重要な意味をもつも
のである。

| 衆議院解散の主な事例 | 衆議院議員の任期は4年とされている（憲法45条）

が，戦後日本で任期満了による総選挙は三木武夫内
閣のとき一度だけ（1976年）であり，任期満了前に解散が行われるのが通例で
ある。日本国憲法施行後に行われた衆議院解散の主な事例は表7-1に示した
通りである。

　衆議院の解散については，いくつかの憲法問題が提起されてきた。その最た
るものが，①内閣はどのような場合に衆議院を解散することができるのか，②
内閣が衆議院を解散する根拠となる憲法規定は何か，という問題を争点として
争われた解散権論争である。

| 解散権論争 | 憲法7条には天皇の国事行為として衆議院の解散が掲げられて
いる（憲法7条3号）。もちろん衆議院の解散という高度に政治
的な決定を「国政に関する権能を有しない」天皇（同4条1項）が行うわけで

表 7 - 1　主要な衆議院解散

解散回 （年）	内　閣	解散の通称	解散の事情・特徴
第 1 回 （1948）	第 2 次 吉田茂内閣	なれあい解散	少数与党政権だったため早期に解散をして政権基盤を強化したかったが，憲法69条による解散以外は認められないとする GHQ 民政局の見解により解散ができなかった。そのため，話し合いで内閣不信任決議を可決し，解散するという手法が用いられた。
第 2 回 （1952）	第 3 次 吉田茂内閣	抜き打ち解散	公職追放されていた鳩山一郎グループの影響力が強くなることを警戒した吉田首相は追放解除組の選挙態勢が固まる前に衆議院を解散した。
第 3 回 （1953）	第 4 次 吉田茂内閣	バカヤロー解散	衆院予算委員会で吉田首相が西村栄一議員（右派社会党）の質問中に「バカヤロー」と発言。野党が提出した内閣不信任決議案は，一部の議員（鳩山派）が自由党を脱党して賛成に回ったことにより可決され，解散となった。
第 5 回 （1958）	第 1 次 岸信介内閣	話し合い解散	自民党と社会党が「内閣不信任決議案上程，採決前に解散」という合意をしたうえで解散となった。
第 6 回 （1960）	第 1 次 池田勇人内閣	安保解散	前の岸内閣が自然成立（憲法61条）させた日米安保条約改定を争点とした。
第12回 （1980）	第 2 次 大平正芳内閣	ハプニング解散	社会党提出の内閣不信任決議案が自民党の一部議員の欠席により可決され，史上初の**衆参同日選挙**に突入した。
第14回 （1986）	第 2 次 中曽根康弘内閣	死んだふり解散	公職選挙法改正（定数是正）が成立し，30日の周知期間が設けられたため中曽根首相は解散を断念したと思われていたが，常会閉会後ただちに臨時会を召集し，冒頭で衆議院を解散した。二度目の衆参同日選挙となった。
第16回 （1993）	宮沢喜一閣	政治改革解散	野党が提出した内閣不信任決議案に自民党の一部議員が同調して反対票を投じたため可決され，解散となった。
第20回 （2005）	第 2 次 小泉純一郎内閣	郵政解散	郵政民営化法案に与党議員の一部が反対したため，参議院で否決された。小泉首相は解散に反対した島村宜伸農水相を罷免して解散した。

はなく，天皇の国事行為について「助言と承認」を行う内閣（同3条・7条柱書）が解散に関する実質的な決定を行う。このように憲法7条を根拠として，内閣の裁量的な決定により，いつでも衆議院の解散が可能であるという見解が7条説である。

第2次吉田内閣は，7条説に基づいて衆議院を解散しようとした。しかし，GHQ民政局が「解散は憲法69条所定の場合（衆議院で内閣不信任決議が可決された場合）に限られる」という見解を示したため，憲法7条に基づく解散（7条解散）をすることができなかった。そこで，与野党の話し合いにより，内閣不信任決議を可決して衆議院を解散するという手法がとられた（表7-1「第1回なれあい解散」参照）。この時の解散詔書は，「衆議院において，内閣不信任の決議案を可決した。よって内閣の助言と承認により，日本国憲法第69条及び第7条により，衆議院を解散する」という表現になっていた。しかしその後，サンフランシスコ平和条約によって日本は独立を果たし（1952年4月），占領米軍はいなくなった。そこで第3次吉田内閣は憲法7条のみを根拠として解散を行った（抜き打ち解散，1952年8月）。この事件をきっかけとして解散権論争が華々しく展開された。

7条説は，天皇の国事行為には政治的なものも含まれうるが，内閣が助言と承認を通じて実質的決定を行うことによって，天皇の行為は形式的・儀礼的なものとなると考える。これに対して，7条所定の国事行為は本来的に形式的・儀礼的なものであり，内閣の助言と承認も形式的・儀礼的な行為に対して行われるものにすぎず，これを根拠として解散の実質的決定権を導き出すことはできないという批判が加えられた。この批判に依拠した見解の1つが，民政局も主張した「解散は憲法69条所定の場合（衆議院で内閣不信任決議が可決された場合）に限られる」という69条（限定）説である。他方，先の批判に依拠しつつ，衆議院の解散は憲法69条所定の場合に限られないという見解も主張された。この場合，解散権の憲法上の根拠が問題となり，憲法65条の「行政権」に根拠を求める65条説や議院内閣制の趣旨に根拠を求める制度説などが主張された。その結果，憲法65条の行政権とは何か，議院内閣制の本質は何か，という

問題にまで議論は発展していった。

　もっとも，政府は一貫して7条説を採用している。不信任決議が可決されたことによる解散は，第1回の「なれあい解散」を含めて4回のみ（第1回，第3回，第12回，第16回）であり，その他はすべて7条解散である。第2回の解散以降は，不信任決議が可決されたことによる解散の場合も含めて，解散詔書はすべて「日本国憲法第7条により，衆議院を解散する」という表現になっている。

解散権の主体　しばしば「解散は首相の専権事項」といわれることがあるが，法的には内閣の権限である。したがって衆議院を解散するためには閣議決定が必要である（しかも先にみたように閣議決定は全員一致による）。ただし，首相は大臣を任意に罷免できる（憲法68条2項）ため，解散に反対する大臣を罷免することによって全員一致で解散の閣議決定を行うことができる（表7‐1「第20回郵政解散」参照）。「解散は首相の専権事項」といわれるのはそのためである。

理解できたかチェックしよう

1　内閣と国会との関係について，議院内閣制と大統領制との違いに触れつつ，説明しよう。

2　衆議院の解散手続と解散後の手続について説明しよう。

第 8 講

行政組織と公務員

1　行政組織についての法

| 行政主体の概念 |

行政活動を行うことを目的とする国，地方自治体などの団体を**行政主体**という。行政主体の代表的な例は，**国**，**都道府県**，**市町村**である。地方自治法では，都道府県と市町村は**普通地方公共団体**として位置づけられているのに対して，東京都の特別区（23区）は**特別地方公共団体**の１つに入れられて都道府県や市町村と区別されている。しかし，特別区も，基本的には，市町村と同様の性格を有する地方自治体としてみることができる（第10講参照）。

　行政主体は独立の法人格をもち，行政上の権利・義務の主体となる地位を有している。１つ例を挙げておこう。われわれとの関係において所得税を賦課・徴収する権限をもつのは税務署長である。税務署長とは国のために税務の仕事をする役職を示す言葉であり，具体的には，特定の自然人によって占められている。所得税法では，われわれは税務署長に対して納税の申告をし，所得税を納付することになっているが，この場合の法律関係において租税債権を取得する（したがって，われわれが租税債務を負担する相手となる）のは，税務署長ではなく，国である。このように，行政上の権利・義務の主体となる国の地位を行政主体という言葉で表すのである。

| 行政機関の概念と種類 |

国，地方自治体などの行政主体のために活動する者を，それが占める職務上の地位においてみた場合，**行政機関**という。行政機関は，職務上・機能上の概念であることから，身分上

の概念である**公務員**と区別しなければならない。

　行政機関の概念は，その機能に関して，行政庁，補助機関，参与機関，諮問機関，執行機関，監査機関に分けられる。

　①行政庁　　行政主体の意思や判断を国民に対して表示する権限をもつ機関を指す（各省大臣，各庁長官，行政委員会，自治体の長など）。法令で下級行政機関に処分権限が与えられている場合には，これが行政庁となる（税務署長，国税局長，税関長，警察署長，建築主事など）。なお，国の機関のみを指すときは「行政官庁」，地方自治体の機関を含むときは「行政庁」という。

　②補助機関　　行政庁を補佐する機関を指す（副大臣，大臣政務官，事務次官，副知事，副市町村長，その他の一般職員）。

　③参与機関　　行政庁の意思決定に参加し，一定の法的拘束力を有する意思を表示する権限をもつ機関を指す（電波監理審議会など）。

　④諮問機関　　行政庁の諮問に応じて答申等をする機関を指す（地方制度調査会，中央教育審議会など）。

　⑤執行機関　　国民に対して実力を行使する権限を有する機関を指す（警察官，消防吏員，徴税職員など）。

　⑥監査機関　　他の行政機関の事務処理を監査する機関を指す（会計検査院，監査委員など）。

> **国の行政組織**　地方自治体の組織については，第10講で扱うので，ここでは，国の行政組織を中心に扱うことにする。

　国の行政組織における最高の機関は**内閣**である（憲法65条）。内閣の事務を助けるために内閣官房が置かれ（内閣法12条），その他の必要な機関として，別の法律の定めるところにより，内閣府，内閣法制局，人事院，国家安全保障会議などが設けられている。

　国家行政組織法によれば，内閣の下に，**省，委員会，庁**が置かれる（国家行政組織法3条2項）。委員会と庁は，省の外局とされているので（同条3項），結局，内閣の下において最高の行政機関とされるのは省ということになる。省には，内部部局として，官房，局，部，課，室などが置かれ，また，審議会や試

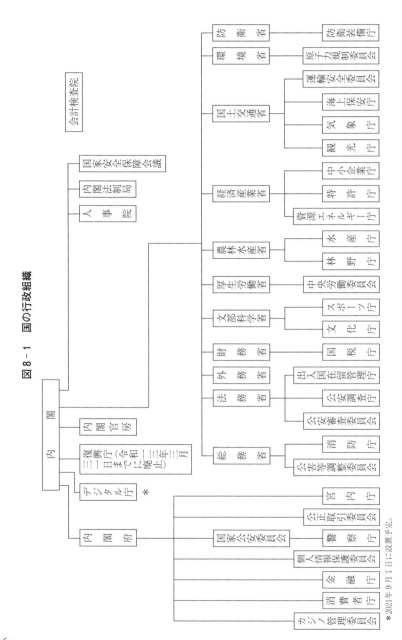

図 8−1　国の行政組織

図 8 - 2　　2 つの行政機関概念

職務上・機能上の行政機関　　　　　　　　国家行政組織法上の行政機関

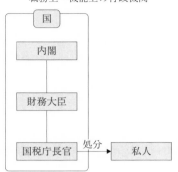

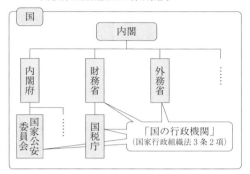

験研究機関・検査検定機関などの施設も置かれる。

国家行政組織法
上の行政機関　国家行政組織法では，省，委員会および庁を「国の行政機関」と呼んでいるが，これは，行政機関という言葉を事務配分の単位で使っているのであって，前述の職務上・機能上の行政機関（行政庁など）の概念とは視点を異にしていることに注意しなければならない。職務上・機能上の行政機関は，結局，国や地方自治体などの行政主体の意思を決定し外部に対して表示する権限を有する行政庁を中心につくられた分類概念であるといえる（行政庁の任務を補佐するのが補助機関，行政庁の諮問を受けて意見具申〔答申〕を行うのが諮問機関，法または行政庁の意思を具体的に執行するのが執行機関というように）。これに対して，国家行政組織法における行政機関の概念は，行政組織内部における合理的な事務配分の体系化を目的とした概念であるといえる。すなわち，同法は，国の行政事務をまず最大の単位である省，委員会および庁に配分し，それをさらに局，部，課などの内部部局に再配分していくことによって，国家の行政組織を系統的に構成し，行政事務の効率的な遂行を可能にすることを目的にしているのである。

独任制行政機関と
合議制行政機関　行政機関は，大臣，知事，市町村長などのように，単独の自然人で構成されるのが普通であるが，複数の自然人

で構成される合議制の機関もある。このような合議制の行政機関として，以下のようなものがある。

①内　閣　　内閣総理大臣と国務大臣により構成された合議制の行政機関であり，行政権限は，原則として，内閣総理大臣を含む各省大臣に分配されている。

②行政委員会　　対外的に行政主体の意思を決定・表明する権限を与えられた，すなわち行政庁として行為することを予定された合議制の行政機関である。例として，公正取引委員会，中央労働委員会（以上，国），教育委員会，人事委員会，都道府県労働委員会（以上，地方自治体）などがあげられる。行政委員会は，大臣，知事・市町村長などの行政庁の指揮・命令系統には含まれておらず，職権行使の独立性が保障されている。

③審議会　　行政機関が意思決定を行うにあたって意見を求める合議制の機関であり，独自の対外的決定権をもたない点において，行政委員会と区別される。

行政機関相互の関係

行政委員会のような例外はあるが，行政組織は，一般に，ピラミッド型の階層的な構造（ヒエラルヒー）を有している。このヒエラルヒーの頂点に位置するのが，国では大臣（その上には内閣がある），地方自治体では長（知事・市町村長）である。このような構造を有する行政組織には，**権限分配の原則**と**指揮監督の原則**が妥当する。権限分配の原則とは，各行政機関はそれぞれ自らに与えられた権限を行使すべきであって，他の行政機関の権限に属する事項を処理することはできない，という原則である（ただし，正当な理由があれば，他の行政機関の権限を代行することは認められる）。指揮監督の原則とは，行政の体系性・統一性を確保するために，上級の行政機関は下級の行政機関の権限行使を指揮監督する権限と責務を有する，という原則である。指揮監督の方法・手段としては，上級機関が下級機関の執務を検閲し報告を徴収する，上級機関が下級機関の権限行使について承認するかどうかを決定する，上級機関が下級機関の権限行使の方法等について内部的な命令（訓令・通達）を発する，下級機関の行った行為を上級機関が取消し，ま

たは，その効力を停止させる，などの措置がある。

2　公務員制度についての法

公務員と公務員法　国や地方自治体において公務を担当する者は，行政機関としての地位とは別に，これから独立した法主体として，国や地方自治体との間で権利・義務の関係に立つことになる。国や地方自治体との間で，このような関係に立つ者を**公務員**といい，また，この両者の関係を規律する法は**公務員法**と呼ばれる。現行法では，国において勤務する公務員については**国家公務員法**（国公法），地方自治体において勤務する公務員については**地方公務員法**（地公法）が適用されることになる。

憲法と公務員制度　大日本帝国憲法（明治憲法）時代の公務員は，「天皇陛下の官吏」として，一方で，天皇に対して身分的に従属するとともに，国民に対しては事実上優越的な地位にあった。これに対して，現行憲法は，国民主権の原理の下に，「公務員を選定し，及びこれを罷免することは，国民固有の権利である」（憲法15条1項）と規定することによって，公務員の地位が究極的には国民の意思に基づくことを明らかにし，同時に，「すべて公務員は，全体の奉仕者であつて，一部の奉仕者ではない」（同条2項）と規定することによって，公務員が奉仕すべき相手は，天皇ではなく，国民であることを宣言した。

公務員関係の法的規律　公務員であっても，国や地方自治体に雇用されて仕事に従事し給与を得て生活するという点では，民間企業で働く労働者と基本的に異ならない。しかし，国民から集められた税金を使って公共的な仕事をする公務員には，私的利益を追求する民間企業で働く職員とは異なった法的規律が加えられることになる。

　まず，民主主義国家においては，公務員が特定の権力者の支配の下に置かれることが最も避けるべきこととなる。そのためには，権力者が自分の好む者だけを公務員として採用することがないように，人事行政の基準が明確に法律で

65

定められねばならない。

　この点に関して，国家公務員法と地方公務員法は，職員の採用および昇任は競争試験によることを原則とし，採用試験には，公開・平等の原則が妥当することを明記している（国公法27条，33条，36条等，地公法13条，15条，17条の2等）。

　また，公務員の身分については法定の事由がなければ，降任，免職など，本人の意に反した不利益処分は行われない（国公法75条，地公法27条）。これは，公務員が，外部の政治勢力等からの圧力を受けることなく，安心して公正に公務を執行できるような労働環境をつくるためである。

　さらに，民主的で合理的な公務員制度を維持するために，公務員の人事行政を専門的に行う人事機関として，国では，人事官3人をもって組織される**人事院**が内閣の所轄の下に設置されている（国公法3条1項，4条1項）。人事院は，組織的には，内閣の所轄の下にあるが，内閣からの独立性の強い機関であり，国家行政組織法の適用もない（同4条4項）。人事院は，給与その他の勤務条件の改善および人事行政の改善に関する勧告，試験および任免，給与，研修，分限，懲戒，苦情の処理など，職員に関する人事行政の公正の確保および職員の利益の保護等に関する事務を司る（同3条2項）。

　地方公務員については，条例に基づき，**人事委員会**または**公平委員会**が置かれる。人事委員会は，都道府県および指定都市には必ず置かれ（地公法7条1項），指定都市以外の市で人口15万以上のもの，および特別区にはこれを置くことができる（同条2項）。公平委員会は，人事委員会を置かない人口15万以上の市および人口15万未満の市，町，村等に置かれる（同条2項，3項）。人事委員会は人事院とほぼ同様の事務を処理する（同8条1項）。公平委員会は，職員から出された勤務条件に関する措置要求の審査・判定，不利益処分についての不服申立てに対する裁決または決定等の権限を有するが，人事委員会が有する給与の勧告等の権限は認められていない（同条2項）。

> **公務員の権利と義務**

公務員は，国や地方自治体に対して，一定の権利と義務を有する。公務員の権利としては，給与，退職手当・年金等の給付請求権，不利益処分に対して行政不服申立てをする権利，国

や地方自治体の公務員に対する安全配慮義務（安全な労働環境の整備についての義務等）に対応する権利などがあげられる。他方，公務員の義務としては，法令および上司の職務上の命令に従う義務，信用失墜行為をしない義務，秘密を守る義務，職務に専念する義務などがあるが，公務員法の特色がとくに色濃く出ているのは，**労働基本権と政治的行為の制限**である。

　国家公務員法は，「同盟罷業，怠業その他の争議行為をなし，又は政府の活動能率を低下させる怠業的行為をしてはならない」と規定し（国公法98条2項前段），これらの違法行為の遂行を共謀し，そそのかし，もしくはあおり，またはこれらの行為を企てた者には罰則規定が適用されると定める（同110条1項17号）。地方公務員法も，争議行為等の禁止について同様の規定を置いている（地公法37条1項，61条4号）。

　また，国家公務員法は，公務員の政治的行為については，人事院規則に，その制限を委ね（国公法102条1項），人事院規則14-7（政治的行為）は，禁止・制限の対象となる政治的行為の具体的内容を広範に規定している。これらの法令に違反して政治的行為を行った公務員は処罰される（国公法110条1項19号）。

　地方公務員法では，制限される政治的行為の重要なものは同法で規定されているが（地公法36条），当該公務員の所属する区域外では特定の政治的行為が許されているだけでなく，違反行為に対して適用される罰則規定も置かれていない。

❖コラム❖　労働基本権と最高裁判決

　全逓東京中郵事件の最高裁大法廷判決（最大判1966〔昭和41〕・10・26刑集20巻8号901頁）は，労働基本権が勤労者の生存権に直結し，それを保障するための重要な手段であることを考慮するならば，全体の奉仕者であることを理由に公務員の労働基本権のすべてを否定することはできないのであって，その制限は合理的で最小限度のものにとどめられる必要があるとして，厳しい合憲性の判断基準を提示したが，全農林警職法事件の最高裁大法廷判決（最大判1973〔昭和48〕・4・25刑集27巻4号547頁）では，一転して，「公務員の地位の特殊性と職務の公共性」を強調するとともに，「勤労者を含めた国民全体の共同利益」を保護する観点から，公務員の争議行為の全面一律禁止を合憲であると判断した。また，公務員の政治的行為

の制限に関しても，猿払事件の最高裁大法廷判決（最大判1974〔昭和49〕・11・6刑集28巻9号393頁）は，現行法による政治的行為の禁止は，行政の中立的運営とこれに対する国民の信頼を確保し，国民全体の共同利益を擁護するために合理的で必要やむをえない限度を超えていないとして，その合憲性を認めた。

| 公務員の責任 | 公務員の責任として，**懲戒責任**，**刑事責任**，**行政主体に対する賠償責任**がある。 |

①**懲戒責任**　守秘義務違反や職務の懈怠など公務員法に定める懲戒事由に該当する行為がなされたとき，公務員法に定める懲戒罰（懲戒処分）を受けることになる。公務員法の定める懲戒罰には，免職，停職，減給および戒告がある。

②**刑事責任**　職権濫用罪（刑法193条以下）や収賄罪（同197条以下）のような刑法典に定められた罪，あるいは守秘義務違反のように，国家公務員法等の行政法令（国公法109条12号，地公法60条2号の2）に定められた罪を犯した公務員には刑事制裁が加えられる。

③**行政主体に対する賠償責任**　義務違反により自ら管理する現金をなくした出納官吏や物品を壊してしまった物品管理職員は生じた損失につき弁償する責任がある（会計法41条1項，地方自治法243条の2の2）。また，公務員が，その職務を行うについて，故意または過失によって違法に他人に損害を加えたときは，被害者に対しては国や地方自治体が賠償責任を負うことになるが，この場合において，公務員に故意または重大な過失があったときは，国または地方自治体は当該公務員に対して求償権を行使することができる（国家賠償法1条2項）。

理解できたかチェックしよう

1　職務上・機能上の行政機関の概念と国家行政組織法上の行政機関の概念の違いについて，説明してみよう。

2　民間企業で働く職員の場合との違いを踏まえ，公務員関係についての法的規律について整理してみよう。

第 9 講

行政活動とその法的統制

1 行政活動の分類

　国や地方自治体の活動は複雑かつ多岐にわたり，これを概観するだけでも容易なことではない。ここでは，行政法の教科書で一般的に使われている規制行政，給付行政などの概念を使って，大まかな行政活動の分類を行っておこう。

　規制行政　規制行政とは，私人の権利・自由を制限することを通じて，その目的を達成する行政の活動をいう。営業規制や土地の利用規制などがこれにあたる。

　個人や企業は，憲法によって経済活動などの権利・自由が保障されているが，これらの権利・自由は，環境の保全・市民生活の安全などの公共的な利益との関係において一定の制限を受けることになる。たとえば，医者としての能力のない者が他人を診察して手術などの治療行為を行うことを職業選択の自由（憲法22条1項）の下に認めてしまうと，多くの人が治療行為の名目で殺傷されるような事態が生じることになりかねない。また，自分の土地だから自分の好きなように建物を建てることを財産権の保障（同29条1項）の下に認めてしまうと，倒壊の危険も顧みず，狭小な土地の上に無理に高い建物を建てようとする者が現れ，その結果，災害時に多くの人が倒壊の被害に巻き込まれることもありうる。したがって，行政は，このような，取り返しのつかない被害が生じないように，医師免許制度や建築確認制度をつくり，そこで一定の基準を設けて個人や企業の活動が社会や個人に対して被害を及ぼさないように事前にチェックするシステムを取り入れることが求められるのである。

規制行政は，公共的な利益を保護する観点から私人の権利・自由を制限する行政活動を意味するが，この言葉が使われだしたのは比較的最近のことで，以前は，このような侵害的な効果をもつ行政活動は警察行政としてとらえられていた。一般の人が「警察」という言葉を聞けば，パトカーで暴走族を追いかけている制服を着た警察官や殺人現場で証拠物を探している刑事を思い浮かべるだろうが，ここでいう「警察」とは，単に制服警察官の遂行する事務だけでなく，社会公共の安全や秩序を維持するために国民の権利・自由を一方的に規制・侵害する権力的な行政作用を指す言葉である。

　この意味での警察行政は，社会公共に対して現実に危害が生じることを予防する活動であるから，どちらかといえば，消極的な国家目的を達成する活動であるといえる。個人の自由を最大限に尊重する近代市民社会においては，このような消極目的の行政だけが正統な国家活動として認められる余地があったともいえるであろう（**夜警国家論**）。社会福祉の増進という積極的な目的（たとえば，住みやすい生活環境の形成）のために国民の権利・自由を規制することは，権利・自由の保護を第一に考える自由主義国家の理念とは相容れないと考えられてきたのである。

　しかし，今日の規制行政は，消極的な警察目的に限られることなく，より積極的に，良好な自然環境や生活環境を形成するために使われるようになってきている。以前であれば，建築規制が行われるのは，規制対象である建築物を放置しておけば，倒壊等によって社会公共や周辺住民に危害が及ぶおそれがあるというように消極的・警察的な理由によることが求められたが，今日では，良好な町並みや景観を積極的に形成していくための手段として「禁止」や「許認可」などの規制的な行政手法を採用する法律や条例が多くみられるようになってきたのである。

給 付 行 政　給付行政とは，道路や公園の設置・管理，学校や社会福祉施設の運営，生活保護の実施などのように，個人や公衆に便益を付与する行政活動を指す。給付行政は，国民が健康で文化的な生活を確保することを目的として行われるので，「社会国家」あるいは「福祉国家」と呼ばれる

国家形態と深い関係がある。また，給付行政の領域が拡大してきた理由とし
て，交通・通信・教育・文化・医療などの国民の日常生活にとって重要な意味
をもつ分野において，国家や地方自治体への国民の依存度が増大していくとい
う現代社会に特徴的な現象もあげることができる。

| その他の行政分野 | 規制行政と給付行政が行政活動の主要な部分を構成する |

ことは否定できないが，この2つの分類だけでは把握で
きない重要な行政分野もある。税務行政や公用収用（公用徴収）がその例であ
る。税務行政は国や地方自治体の運営を支える資金を国民（住民）から徴収
し，公用収用は，国や地方自治体が特定の公益事業（道路建設や空港建設など）
の用に供するために土地などの特定の財産を強制的に取得するものであって，
これらを**調達行政**ということができる。

2　行政活動の手段

　以上，どのような行政が行われているか，ということについて述べてきた
が，以下では，それがどのようにして行われるか，という行政活動の手段の面
に焦点を合わせて考えていくことにしよう。

| 行 政 立 法 | 行政機関が一般的・抽象的な定めの成文法（命令）を制定する |

ことを行政立法という。内閣が制定する**政令**（例：生活保護法施
行令），各省大臣が制定する**省令**（例：生活保護法施行規則＝厚生労働省令），人事
院規則，会計検査院規則などが，その例である。

　行政立法は，国民の権利・義務に関係する事項を規律する**法規命令**（憲法73
条6号但書）と，国民の権利・義務に関係しない事項を規律する**行政規則**（行政
組織の内部事項や事務配分を定める訓令・通達，国や地方自治体が管理・運営する公
園，学校，病院などの公共施設の利用規則）に分けられるが，法規命令の制定には
法律の根拠が必要とされる（内閣法11条，国家行政組織法12条3項）。

| 行 政 行 為 | 個人の間は平等なので，一方が他方の意に反して，命令・強制 |

することはできない。たとえば，A銀行が新たな支店を開設す

るために，駅前の土地所有者Bに売買契約の申し込みをした。ところが，Bはこの申し込みを断った。A銀行は購入価格を上げて再交渉する。でも交渉がまとまらない。A銀行としては，それ以上の交渉は無理だと判断したら，そこで支店を開設することをあきらめて別の場所を探すことになる。

　ところが国や地方自治体の場合は民間とは異なる。たとえば，C市が新たに庁舎建設を計画し，建設計画該当地の土地所有者Dに売買契約（任意買収）の申し込みをしたが，Dはこれに応じない。そうすると，C市は収用委員会に収用裁決の申請を行い，これが認められれば，収用委員会の権利取得裁決により定められた日に土地所有権はC市に帰属することになるのである。このように，相手方との合意がなくても，行政庁の一方的な判断で権利・義務の発生・変更・消滅等の法効果を生ぜしめる行政機関の行為（上の例では，収用委員会の権利取得裁決）を行政行為というのである。

　行政行為は，法効果をもたらす権力的（一方的）で具体的な行為であるから「行政の行為」や「行政の行う行為」と同じように理解してはいけない。後で述べる行政指導は相手方との間に権利・義務の発生・変更等の法効果を生ぜしめないから行政行為ではないし（法効果の欠如），行政契約は双方の合意によって法効果を発生させるから行政行為ではない（権力性の欠如）。また，政令・省令を制定する行政立法は一般的・抽象的な規範を制定する行為だから行政行為ではない（具体性の欠如），ということになる。なお，行政行為は学問上の用語であり，法令で用いられている用語で行政行為に近いのは「処分」（行政事件訴訟法3条2項，行政不服審査法1条2項）である。

行政契約　国や地方自治体は，民間の企業と違って，法律に基づいて行政行為などの権力的な行為を行えるが，それでは，常に権力的な手段を使って，行政の目的を果たしているかといえば，そうではない。民間の企業と同じように，契約という手法を使ってその目的を達成することも多いのである。公共用地の任意買収（売買契約），公営鉄道・バス等の利用（運送契約），官公庁の建物等の建設契約（請負契約），事業者からの開発協力金の提供（贈与契約）などが，その例である。

　このように，行政機関が締結する契約のことを行政契約というが，その内容は多様である。役所が文具取扱店からボールペンやコピー用紙を購入したり，役所の建物を建てるために建設業者との間で建築請負契約を締結するようなことは，民間企業が行っていることと基本的に変わらないといえる。しかし，公害を発生させるおそれのある事業者と地方自治体の間で，公害対策の実施方法，報告の徴取，協議，立入調査などについて合意した事項を文書化するように（公害防止協定），規制行政の手段として契約的手法が用いられることもある。

　行政契約は，当事者間の合意によって柔軟に物事を決められるというメリットがあるが，法律に違反する内容の契約は締結できない。たとえば，法律が租税の減免や延納を認めていないのに，行政契約でそれを認めるということはできない。

行政指導　行政指導というのは，行政機関が一定の行政目的を達成するために相手方の同意を求めて働きかける活動である（違法建築物の自発的改修の警告，土地利用の適正を図る指導，大手小売商と地元中小小売商との調整のための指導，生活保護に関わる生活改善指導など）。相手方の同意を求めて行う行為だから，相手方がそれに従わなければ，それ以上のことはできない。行政指導に従わないから，本来なすべき行為を行わないということはできないのである。たとえば，建設中の自宅のすべての壁を赤と白のストライプ模様にしようとする建築主に対して地域の景観を壊すから何とかしてもらいたいという苦情が近隣住民から行政機関に寄せられても，役所としては，規制権限があれば別だが，そうでない以上，壁の色彩を変えるように行政指導することができても，建築主が変えないといえば，それで終わりである。行政指導に従わないなら，建築確認をしないということはできないのである。

　行政指導は，さまざまな行政領域で色々な目的のために用いられている。①行政行為などの権力的な行為と違って行政指導は相手方の意向を尊重して行われるから，相手方との間で摩擦を避けるのに適している，②非権力的な行為であるから，法令の枠にとらわれず敏速・弾力的に使える，③相手方の同意によ

って行うといいながらも実際には行政の権威を背後にして行われるから，相手方が不本意ながらも行政機関の要望に従ってくれる可能性が高いなど，行政指導は行政側にとって大きなメリットが期待できる。

　しかし，その反面，行政指導には看過することのできない問題点もある。行政指導は強制的な行為ではないから，それに従うかどうかは相手方の自由であるといっても，公権力を有する者から指導されると何らかの心理的圧迫を受けるのが普通であろう。行政指導には従いたくはないけれども，もし拒否すると後で何か不利益を被るのではないかと心配して，いやいやながら従ってしまう市民や事業者もいる。しかも，いったん従ってしまうと，これを法的に争うことはきわめて困難になるのである。行政指導を受けたとしても，それに従う法的義務はないのだから，いやなら拒否しろと言い切るのは一般市民にはいささか酷であり，この点において，非権力的な手段である行政指導であっても法的に統制することが求められることになるのである（行政手続法32条以下）。

| 行 政 計 画 | 行政計画は，さまざまな利害を調整して将来の行政目的を設定し，その目標達成のために長期的かつ包括的に行政活動の手段・方法を提示する政策的構想である。都市計画，国土利用計画，環境基本計画，男女共同参画基本計画など行政計画の種類は多様であるが，**目標の設定と手段の総合性**がすべての行政計画に共通する点であるといえる。

　行政計画はさまざまな観点から分類できる。①地域による分類＝全国計画，地方ブロック単位計画，都道府県計画，市町村計画等，②期間による分類＝長期計画，中期計画，年次計画等，③機能による分類＝全体的な目標や方向性を示す指針型計画（土地利用基本計画，環境基本計画等），指針型計画を具体化することを目的とした実施型計画（地区計画，指定ばい煙総量削減計画等）などである。

　行政計画に関連する法律をみてみると，ほかの施策や計画との整合性，計画の策定において勘案または考慮すべき事項，計画目標などの一般的な指針的事項を定めることに重点をおき，計画の具体的な内容を決定する権限は行政機関の裁量に委ねる法律が多いことに気づく。行政計画の策定の際に求められる専

門性，柔軟性，実効性などの事項を顧慮した場合，行政計画の内容やその策定の要件を法律によって厳格に規律することには限界があることは否定できない。しかし，その反面，行政計画の策定に行政機関の裁量を認めすぎると，裁判所による事後的審査が困難になるという問題が生じてくることになる。法律が認めた裁量の範囲内では，行政機関が独自の判断で決定できるのであるから，裁量権の濫用等の違法行為がない限り，その判断が妥当性を欠く場合であっても，それは当・不当の問題であって，適法・違法を判断する裁判所の審査の範囲外とされるのである。そこで，行政計画の策定を法的統制の下に置く手段として，事前の行政手続の整備が重要な意味をもつことになる。事前の行政手続に関わる措置の例としては，利害関係を有する住民からの意見書の提出，公聴会・審議会の開催などが挙げられる。

| 行 政 調 査 | 行政機関がさまざまな施策を企画・立案し，それらを実施して

行政機関がさまざまな施策を企画・立案し，それらを実施していくためには情報が必要となる。国や地方自治体は，市民・企業から提出された届出・申請書類，関係者への質問，事業所への立入検査などによって，これらの情報を入手している。このように，行政機関が行政目的の達成のために必要な情報を収集する活動を行政調査という。

　行政調査にもいろいろな種類がある。許認可の際に行われる立入検査，質問，試験用サンプルの収去などのように個別事例ごとに特定の相手方に対して行われる調査もあれば，国勢調査のように，国民全体に対して一般的に行われる調査もある。また，相手方の任意の協力を得て行われる調査（任意調査），相手方に義務を課し，相手方の抵抗を排除しても行われる調査（強制調査），罰則等の制裁手段により担保されている調査（間接強制をともなう調査）の区別も重要である。強制調査および間接強制をともなう調査は，相手方の権利・自由を制限することになるため，法律の根拠を必要とする。

3　行政活動に対する法の統制

| 要件の法的規律 |

法治主義の原則は，文字通りの意味では，行政活動がそれを担当する者の恣意によってなされるのではなく，客観的な法に従って行われるべきであるという法治行政の要請の意味においてとらえられる。しかし，近代立憲主義的法治国家においては，この客観的な法の内容は議会制定法である法律によって定められるべきであるという考え方が支配的となり，その結果，ドイツやわが国では，法治主義の原則は「**法律による行政の原理**」としてとらえられるようになった。

「法律による行政の原理」によると，特定の行政活動には法律の根拠が求められることになる。どの範囲の行政活動に法律による根拠づけを必要とするかについてはさまざまな意見があり確定的な状況にはなっていないが，少なくとも，国民の権利・自由を制限する行政活動には法律の根拠が必要とされることについては異論がみられない（第11講コラム「法律の留保」参照）。たとえば，道路交通法（道交法）103条1項は，免許を受けた者が政令で定める精神病等の病気にかかるなど，運転に支障が生じる事態におちいったときは，「公安委員会は，政令で定める基準に従い，その者の免許を取り消し，又は六月を超えない範囲内で期間を定めて免許の効力を停止することができる」と規定している。公安委員会は，このような道交法の定める要件規定に基づいて，運転免許の取消しや効力停止等の権利制限的な措置をとることができるのであって，この要件にあてはまらない理由で免許取消し等の措置をとることはできないのである。

| 手続の法的規律 |

法律による行政活動の統制は，伝統的に，行政活動が行われる際の要件を法律が定めることによって行われてきたが，最近では，手続面での規律を重視する法律も数多くみられるようになってきた。たとえば，道交法には，運転免許の取消しや一定期間以上の効力停止の措置をとる場合には，事前に被処分者の意見をきく場を設けなければならな

いと定める規定がある（道交法104条の2第1項）。このように，免許取消し等の措置をとるにあたって事前に被処分者の意見をきくこと，すなわち**聴聞**を行うことを求める規定は，行政庁である公安委員会の判断が誤った事実認識の下で行われ，その結果，被処分者の権利・利益を不当に侵さないように慎重な手続を経ることを求めているのであって，処分の要件（根拠）を定めているわけではない。

　行政手続に関する規定は，道交法だけでなく，他の多くの行政法令の中にもみられる。しかし，わが国では，長い間，行政手続を規律する一般的な法律はなく，このため個々の法令ごとに用語や仕組みが不統一な状態が続き，国民の側からみるとわかりにくい状態にあった。そこで1993年になって行政手続に関する一般法として**行政手続法**が制定されることになった。

　「行政手続法」は，処分，行政指導，届出に関する手続や行政立法（命令等）を定める手続に関して共通する事項を規律する。行政計画，行政調査などの手続は規律されていない。また，行政手続法の規定の中心におかれるのは，行政庁の公権力の行使にあたる処分に関わる手続であり，同法は，この手続を「申請に対する処分」と「不利益処分」の2つに分けて規律している。「申請に対する処分」については，申請の許否の判断基準（審査基準）や申請の処理に要する標準的な期間（標準処理期間）の設定の義務，申請を拒否する場合にその理由を提示する義務，申請が到着したら遅滞なく審査を始める義務などに関する規定が置かれ（行政手続法5～11条），「不利益処分」については，処分基準の設定とその公開の義務（努力義務），処分理由を提示する義務，聴聞手続などに関する規定がおかれている（同12～31条）。

理解できたかチェックしよう

1. 規制行政・給付行政の定義について確認してみよう。また，規制行政・給付行政と「法律による行政の原理」の関係について，整理してみよう。
2. 行政行為とは何か，説明してみよう。そのうえで，行政立法・行政契約・行政指導と行政行為との違いについて整理してみよう。

第10講

地 方 自 治

1　地方自治法制

地方自治の本旨　憲法第 8 章は「地方自治」について定めている。国と地方で権力を分割するため，国における立法・行政・司法という水平的権力分立と対比して，垂直的権力分立といわれることがある。憲法では「地方公共団体の組織及び運営に関する事項」は，地方公共団体自身が決めるのではなく，国が「法律」で定めることとされている（92条）。もっとも，その法律は「**地方自治の本旨**」に基づくものでなければならない（同）。

　地方自治の本旨は，住民自治と団体自治からなると解されている。**住民自治**は，地域に関する事柄はその地域の住民の意思に基づいて決定するという民主主義的要請である。憲法では地方公共団体の長や議会の議員を住民が直接選挙することが定められている（93条）。**団体自治**は，地域に関する事柄は国（中央政府）から独立した団体が国から干渉されずに決定するという自由主義的（分権的）要請である。憲法では地方公共団体に自主行政権（自治行政権）や自主立法権（自治立法権）が保障されている（94条）。

　地方自治の本旨に基づいて，地方公共団体の組織・運営に関する基本的事項を定めたのが**地方自治法**であり，日本国憲法と同時に施行された（1947年 5 月 3 日）。その後，毎年のように頻繁に改正が行われており（ 1 年に複数回改正されることもある），大規模な改正も何度も経験している（そのため「○条の○」という枝番号が多用されているので，こうした表記に慣れること）。地方自治に関する法令は，立法に際しても解釈・運用に際しても地方自治の本旨に基づいて行われ

ることが求められている（地方自治法２条11項・12項）。

┌─────────┐
│ 地方公共団体 │　地方自治法は，地方公共団体を「普通地方公共団体」と「特
└─────────┘　別地方公共団体」に大別している（１条の３第１項）。普通地
方公共団体は**都道府県**と**市町村**である（同２項）。市町村が「基礎的な地方公共
団体」，都道府県が「市町村を包括する広域の地方公共団体」と位置づけられ
ている（２条３項・５項）。特別地方公共団体には，**特別区**，地方公共団体の組
合（一部事務組合，広域連合），財産区がある（１条の３第３項）。特別区は「都の
区」のことであり（281条１項），東京23区がこれに該当する（「大都市地域におけ
る特別区の設置に関する法律」に基づき大都市では特別区の設置が可能とされており，
大阪市が目指していたが住民投票で否決された）。普通地方公共団体（都道府県・市
町村）が憲法第８章で自治権が保障される「地方公共団体」であること，地方
公共団体の組合および財産区がそうではないことについては，ほとんど争いが
ない。問題は特別区である。かつて最高裁は，特別区を憲法上の地方公共団体
と認めることはできないと判示したことがある（最大判1963〔昭和38〕・３・27刑
集17巻２号121頁）。しかし，現在では特別区も「基礎的な地方公共団体」と位
置づけられており（地方自治法281条の２第２項），市に関する規定が適用され
（同283条１項），区長と区議会議員は住民が直接選挙する。そのため学説上は，
特別区も憲法上の地方公共団体に該当するという見解が有力であり，都道府県

図10-1　地方公共団体の種類

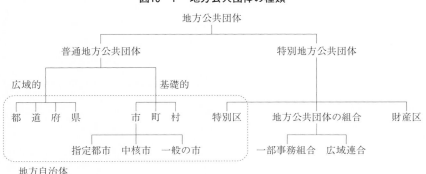

と市区町村を「**地方自治体**」と呼ぶことが多い（単に「自治体」あるいは「地方政府」ともいわれる）。

　日本全国で，市区町村という基礎自治体と都道府県という広域自治体の二層制が採られているのが特徴である。こうした二層制まで憲法上の要請であるか否かについては争いがある。

　都・道・府・県の名称の相違は，歴史的・沿革的な理由によるもので，組織上も権限上も大きな相違はない（首都である東京都と面積の広い北海道については若干の違いがあるが，府と県には違いはない）。市・町・村は，主として人口規模による違いである（地方自治法8条）が，組織や権限に大きな相違はなかった。しかし，約1700ある市町村には人口数百人の村から数百万人の大都市まであり，一律的な規律が適切とはいいがたい。近年の地方分権改革では，基礎自治体への権限移譲に際して，市と町村を区別する例が多くみられるようになり，市と町村の権限の差異は拡大してきている。

　現在では市町村の相違よりも，市内部における相違の方が重要である。人口の多い大都市（**指定都市・中核市**）には「特例」が定められており（地方自治法12章），都道府県が処理すべき事務を市レベルで処理できることとなっている（同252条の19，252条の22）。一般の市とは異なり，都道府県と同様に保健所を設置する（地域保健法5条1項）ので，保健所が担う事務を市レベルで処理するのが代表例である。分権改革により，指定都市と中核市と一般の市との間の相違も拡大してきている。

　さらに指定都市（政令で指定されるため「政令指定都市」「政令市」といわれることもあるが，中核市も政令で指定されるので現在では適切な名称ではない。地方自治法上の表現は「指定都市」である）は，区（神戸市東灘区など）を設けるものとされている（地方自治法252条の20）。この指定都市の区は，東京23区（東京都千代田区など）とは全く法的性質が異なるので混同してはならない。東京23区は，先にみたように，特別区という特別地方公共団体であり，法人格を有する（同2条1項）のに対して，指定都市の区は市が行政事務遂行のために設置する行政区

であり，法人格はない。したがってたとえば，公立公園の遊具の欠陥を理由として国家賠償を請求する際には，千代田区では千代田区という特別区を被告として訴えるのに対して，神戸では東灘区ではなく神戸市を被告としなければならない。また，特別区の区長は市町村長と同様に住民によって選挙されるのに対して，指定都市の区の区長は市の職員が任命される（同252条の20第4項）。指定都市の区には公選の区議会も存在しない。基礎自治体として「市区町村」といわれるときの「区」は特別区であって指定都市の区ではない。

❖コラム❖　地方分権改革

　憲法で地方自治が明記されても，東京の霞が関（中央省庁）で画一的なルールが決められる中央集権的体制は残存した。時代が昭和から平成に変わり，国際的にも国内的にも政治・経済・社会情勢が大きく変化する中で，疲弊した従来型の統治システムは変革が求められるようになり，地方自治についても「国と地方の関係の見直し」の必要性が説かれるようになった。1993年の衆参両院における「地方分権の推進に関する決議」が地方分権改革の出発点とされる。

　1999年に「地方分権の推進を図るための関係法律の整備等に関する法律」（475の法令を一括して改正するため**地方分権一括法**と呼ばれた）が制定され，機関委任事務制度の廃止や国の関与の基本ルールの創設などが実現した。国と地方の関係を「上下・主従の関係」から「対等・協力の関係」に変えることを目指したこの**第1次地方分権改革**は，政治改革（選挙制度改革），行政改革，司法制度改革など一連の統治構造改革の一環としての側面ももつ。しかし，地方分権改革は「未完の分権改革」と評され，他の改革とは異なり，その後も断続的に続けられた（自治体への権限移譲，義務付け・枠付けの見直し等）。その間に，国から地方への税財源を移譲する「**三位一体の改革**」（税源移譲・国庫補助負担金改革・地方交付税改革）や，市町村の行財政基盤の強化を目的とした「**平成の大合併**」の推進が並行して進められた。

　これらの改革により地方自治のあり方は大きく変わったが，道州制の導入も含め，地方制度の改革は引き続き検討され続けている。

2　地方自治体の仕組み

地方自治体の組織　地方自治体の組織について基本的事項を定めているのは地方自治法である。しかし，組織はそれ自体で勝手に活動するわけではなく，実際に組織を動かすためには「人」と「金」が必要である。そのため，地方公務員法や地方財政法・地方税法も重要であることが看過されてはならない。また，これらの国の法律によって基本的事項が定められているため，自治体が独自の判断で決定する余地は，広まってきているとはいえ，なお相当に狭いことにも注意しておく必要がある。

　自治体の組織については国の組織と対比して勉強することが有意義である。

二元代表制　国政レベルでは議院内閣制が採用されており，国民は国会議員を選挙し，国会が内閣総理大臣を選出することとされている（第7講参照）。それに対して，自治体レベルでは，議会（地方議会）の議員だけでなく，長も住民が直接選挙することとされている（憲法93条）。このような仕組みは**二元代表制**（または首長制）と呼ばれる。大統領制型だといわれることもあるが，長は議会を招集し（地方自治法101条），議会に出席し（同121条），条例案・予算案などを議会に提出できること（同149条1号・211条）や，議会は長の不信任議決を行うことができ，長は議会を解散できること（同178条）など，アメリカの大統領制とは異なっている点も少なくない。

　①長　自治体の長（知道府県知事，市区町村長）は一般に「首長」といわれることが多い（法令上は「地方公共団体の長」であり，「首長」という用語は内閣総理大臣に用いられている〔憲法66条1項〕）。自治体の長（首長）は住民によって直接選挙される点だけでなく，独任制である点でも，国の内閣とは異なる。長は，自治体を統轄・代表し（地方自治法147条），自治体の事務を管理・執行し（同148条），職員を指揮監督する（同154条）。任期は4年で（同140条），再選に制限はない（そのため，しばしば多選の弊害が指摘され多選制限が議論されている）。被選挙権は，都道府県知事が30歳以上，市区町村長が25歳以上の日本国民に認めら

れ（同19条2項・3項，公職選挙法10条4号・6号），当該自治体の「住民」である
ことは要件とされていない。これは有能な人材を幅広く確保するためである。

　②議　会　　議会（都道府県議会，市区町村議会）は国会と対比して地方議会
といわれる。自治体の「議事機関」（憲法93条1項）であり，条例の制定や予算
の決定など，自治体の重要事項について議決する（地方自治法96条）。国会各議
院の国政調査権（憲法62条）に相当する調査権も認められている（地方自治法100
条に基づくので「100条調査権」といわれる。この調査権を行使する委員会は「100委
員会」といわれる）。議員の定数は条例で定めることとされている（地方自治法90
条・91条）。任期は4年である（同93条）が，解散があり得る。国会の場合には
不信任決議が可決されなくても内閣の裁量によって解散が可能であった（第7
講参照）が，長が地方議会を解散できるのは不信任決議が可決された場合だけ
である（同178条1項）。また，住民の請求による解散（同13条1項・76〜79条），
議会による自主解散（地方公共団体の議会の解散に関する特例法）が可能なのも国
会と異なる点である。被選挙権は25歳以上で地方議会議員の「選挙権を有する
者」に認められる（同19条1項，公職選挙法10条3号・5号）。したがって，長と
は異なり，当該自治体の住民であること（区域内に3か月以上住所を有すること）
が必要である（地方自治法18条，公職選挙法9条2項・3項）。

| 執行機関多元主義 |

　国の行政組織は，憲法65条から内閣の下に一元的な行政
組織が要請されると解されている。それに対して地方で
は，**執行機関多元主義**が採られており，長のほかに，長から独立した各種の委
員会や委員（教育委員会，選挙管理委員会，人事委員会・公平委員会，公安委員会，
監査委員など）が置かれることとされている（地方自治法138条の4第1項・180条
の5）。ここで執行機関とは議事機関（議決機関）に対する概念であって，第8
講で行政機関を分類した際に登場した執行機関とは異なり，そこでの分類では
「行政庁」に該当する（監査委員は監査機関）。委員会は合議制の行政委員会（監
査委員は独任制）であり（第8講参照），自治体の事務を「自らの判断と責任にお
いて，誠実に管理し及び執行する」（同138条の2）。執行機関多元主義が採用さ
れた理由としては，権力の集中の排除や政治から独立した中立的な運営の確保

などが挙げられる。他方で，各執行機関がバラバラにならないように，「執行機関相互の連絡を図り，すべて，一体として，行政機能を発揮するようにしなければならない」と定められており（同138条の3第2項），長が調整の役割を果たす（同138条の3第3項・180条の4など）。また，委員会や委員が特定の事務（教員委員会は教育に関する事務など）のみを処理するのに対して，長は包括的な権限を有している。その意味でも，中心となる執行機関は長である。

国政レベルでは国民は主として国会議員の選挙を通じて政治に 住民参政 参加することが予定されている（代表民主制／間接民主制）。地方レベルでも長や議会の議員の選挙が中心となることは同じであるが，それにとどまらず様々な**直接請求**の手続が認められている（地方自治法5章）。具体的には，条例の制定・改廃請求，事務監査請求，議会の解散請求，議員・首長などの解職請求である（同12～13条）。これらは一定数以上の有権者の署名を集めることによって行うことができる（同74条・75条・76条・80条・81条・86条）。

　また，住民であれば誰でも，財務会計上の行為について住民監査請求を行い（同242条），**住民訴訟**を提起することができる（同242条の2）。これらは無駄遣いや違法な行政活動の是正に大きな役割を果たしている。

　なお，条例に基づいて住民投票が行われることもあるが，これは投票結果に法的拘束力のない諮問的なものである（住民投票の結果に反する決定を長や議会が行っても適法である）。住民投票の結果に法的拘束力を持たせることは許されないと解されている。

3　地方自治体の仕事

国と地方の役割分担 国，都道府県，市区町村は，「上下・主従の関係」ではなく「対等・協力の関係」である。自治体は「住民の福祉の増進を図ることを基本として，地域における行政を自主的かつ総合的に実施する役割を広く担う」こととされている（地方自治法1条の2第1項）。国は①国際社会における国家としての存立にかかわる事務，②全国的に統一して

84

定めることが望ましい国民の諸活動や地方自治に関する基本的な準則に関する
事務，③全国的な規模・視点で行わなければならない施策・事業の実施，など
「国が本来果たすべき役割」を重点的に担う（同条2項）。「住民に身近な行政は
できる限り地方公共団体にゆだねることを基本」とするというのが事務配分の
基本原則である（同）。

> ❖コラム❖　補完性の原理（principle of subsidiarity）
>
> 　国と地方の役割分担に関する基本理念としてよく挙げられるのが「補完性の原
> 理」である。補完性の原理とは，より小さな単位で（より身近なところで）解決で
> きる事柄はより小さな単位で行われるべきであり，解決できないときにはじめてよ
> り大きな単位が補完するという考え方である。個人で解決できないときに家族が，
> 家族で解決できないときに自治体が，自治体で解決できないときに国が，国で解決
> できないときに国際社会が，という具合に，個人や小さな単位を重視し，大きな単
> 位は小さな単位に奉仕すべきとする点に特徴がある。もともとはカトリック社会理
> 論で説かれた考え方であるが，現在ではヨーロッパ統合に際して大きな役割を果た
> している。日本でも，国と地方の役割分担の基本原則を定めた地方自治法1条の2
> 第2項には，こうした補完性の原理の考え方があるという見解，さらには憲法92条
> の地方自治の本旨には補完性の原理も含まれるという見解などが主張されている。

地方自治体の事務　市区町村は，基礎自治体として，地域における事務を
一般的に担い（地方自治法2条3項・281条の2第2項），都
道府県は，市町村を包括する広域自治体として，①広域的な事務，②市町村に
関する連絡調整事務，③市町村行政を補完する事務を担うものとされている
（同2条5項）。

　自治体の事務は，自治事務と法定受託事務に分けられる。**自治事務**は自治体
が処理する事務のうち「法定受託事務以外のもの」である（同2条8項）。消極
的な定義であるが，法令によって特別に法定受託事務とされない限り，原則的
にすべて自治事務であるという意味である。自治事務には，自治体が独自に行
うものだけでなく，法令により事務処理が義務づけられているものも含まれる
（図10-2参照）。**法定受託事務**には，第1号法定受託事務と第2号法定受託事務
がある。第1号法定受託事務は「国が本来果たすべき役割」に関する事務であ

図10-2　地方自治体の事務のイメージ図

るが，法令によって自治体（都道府県・市区町村）が処理することとされる事務のうち，「適正な処理を特に確保する必要がある」として法令で特に定めたものであり（同2条9項1号），国政選挙に関する事務，生活保護に関する事務，戸籍事務などがこれに含まれる（たとえば戸籍法1条2項のように個別法に明記されるが，一覧性を確保するため地方自治法別表第一に掲げられている）。第2号法定受託事務は，「都道府県が本来果たすべき役割」に関する事務であるが，法令によって市区町村が処理することとされる事務のうち，「適正な処理を特に確保する必要がある」として法令で特に定めたものであり（地方自治法2条9項2号），都道府県議会議員や知事の選挙に関する事務などがこれに含まれる（同別表第二）。

　自治事務も法定受託事務もともに自治体の事務であることに変わりはなく，両者を区別する主たる意義は，関与（第1号法定受託事務では国の自治体への関与，第2号法定受託事務では都道府県の市区町村への関与）のあり方に違いがあることである。自治事務については，自治体の自主性を尊重する必要性が高いため，是正の要求までしかできない（同245条の5）。それに対して法定受託事務は，適正な処理を確保する必要性が高いため，是正の指示や代執行ができることとなっている（同245条の7・245条の8）。

❖コラム❖　機関委任事務

　かつて自治体が担っていた事務として機関委任事務が存在した。これは国の事務の執行を自治体の長という機関に委任するものであり，自治体の長が行うにもかかわらず，あくまでも国の事務とされた（国の指揮監督を受けた）。自治体の長が国の下級行政機関として扱われていたのである。このような機関委任事務が，都道府県の事務の7～8割，市町村の事務の3～4割を占めていたといわれる。そのため

機関委任事務制度は地方自治を損なうものとして批判が強かった。

　第1次地方分権改革の主眼は何よりもこの機関委任事務制度の廃止に置かれ，実際に1999年に制定された「地方分権一括法」によって機関委任事務制度は廃止された。約700件あった機関委任事務は，国の事務（20件），自治事務（398件），法定受託事務（275件）に整理・再編された（事務自体が廃止されたものもある）。機関委任事務が機械的に法定受託事務に移行したわけではない。もっとも，自治事務であっても法令で詳細に規律されていれば自治体の判断の余地は乏しい。そこで，その後は法令による義務付け・枠付けの見直し・緩和が進められている。

4　条例制定権

条　　例　自治体には自主立法権として条例制定権が認められている（憲法94条）。**条例**は地方議会の議決によって制定される（地方自治法96条1項1号）。住民による条例制定の請求（同12条）や議員による条例案の提出（同112条）も可能であるが，実際には長の提出（同149条1号）に基づくものが多数を占めていることは，閣法（内閣提出法律案）が多数を占める国の法律と同様である（第5講参照）。

　条例は，地方自治法で「法令に違反しない限り」（14条1項）と定められているように，形式的効力に関しては，国の法律だけでなく命令にも劣後する（第2講図2-1参照）。しかし，命令は法律の存在を前提とした委任命令と執行命令しか認められない（第1講参照）のに対して，条例は法律の委任に基づく委任条例だけでなく法律の根拠のない**自主条例**も制定することができる。罪刑法定主義・租税法律主義などの要請から「法律」によることが必要な事項（刑罰や課税など）であっても自治体の条例で定めることができる（地方自治法14条3項，地方税法3条）。

　一般に権利を制限し義務を課すためには法律の根拠が必要である（第2講・第11講参照）。自治体は法律の根拠がなくても住民の権利を制限しまたは住民に義務を課すことができるが，そのためには，長など執行機関の規則ではなく地方議会の制定する条例による必要がある（地方自治法14条2項）。自治体が政策

を進めていく際に，住民に義務を課すことが必要な場合には，行政が勝手に行うことはできず，議会が条例を制定しなければならない。

❖コラム❖　要綱行政

　　自治体の行政活動を特徴づける表現として「要綱行政」がある。要綱とは自治体が内部的に定めたルールであり，法令や条例ではなく要綱に基づいて行われる行政活動が「要綱行政」と呼ばれる。代表的なのが開発指導要綱である。大都市への人口流入に伴い郊外のベッドタウン開発が進められたが，マンション建設は日照・眺望などをめぐり近隣住民とトラブルのもととなり，また急激な人口増加にインフラ（上下水道，学校など）整備が追いつかなかった。そこで各自治体が開発指導要綱を定め，開発事業者に対して，周辺住民の同意を得たり，開発負担金を支払ったりすることを求めた。もっとも要綱は条例とは異なり内部ルールにすぎないため開発事業者に義務を課すことはできず，要綱に基づく要請はすべて法的拘束力のない行政指導にすぎなかった（第9講参照）。自治体側は要綱に従わせるため様々な手段（建築確認の留保，給水契約の締結拒否など）を用いたが，多くが違法と判断されている。

　　義務を課すのであれば条例を制定するのが本筋である。にもかかわらず要綱行政が行われた背景として，当時支配的だった法律先占論という考え方に基づいて条例の制定が不可能だったという事情が挙げられることがある。現在では条例制定の自由度は高まっているのであり，原則通り正式に条例を制定し，条例に基づいて行政活動が行われることが望まれる。

条例制定権の限界　　条例は自治体の事務に関してしか制定できない（地方自治法14条1項）。かつての機関委任事務は国の事務であったため機関委任事務について条例を制定することはできなかったが，現在ではこうした限界はなくなっている（自治事務だけでなく法定受託事務についても条例を制定できる）。当該自治体の領域内でしか効力をもちえないこと（場所的限界）は，条例の性質から当然である。他方で，その結果として，自治体によって規制の有無・程度などに相違が出てくるが，こうした相違は条例の制定を認める以上当然に想定できるものであり，法の下の平等（憲法14条）に反するものではない（最大判1958〔昭和33〕・10・15刑集12巻14号3305頁）。

　最も大きな問題は，条例の制定が「法律の範囲内で」（憲法94条）のみ認めら

れるという点である。法律の規制がある場合には条例は制定できないとする法律先占論という考え方がかつては有力であったが，特に環境問題について，自治体が条例によって，国の法令よりも厳しい規制（上乗せ条例）や法令で規制されていない事項の規制（横出し条例）を行うことができるかが大きな問題となった（第13講参照）。この問題について，最高裁は「条例が国の法令に違反するかどうかは，両者の対象事項と規定文言を対比するのみでなく，それぞれの趣旨，目的，内容及び効果を比較し，両者の間に矛盾牴触があるかどうかによってこれを決しなければならない」とした（最大判1975〔昭和50〕・9・10刑集29巻8号489頁）。具体的には，(1)国の法令が存在する場合でも，①別の目的に基づくものであり，法令の目的・効果を阻害しないとき，②同一の目的であっても，法令が全国的に一律の規制を施す趣旨ではなく，地方の実情に応じて別段の規制を施すことを容認する趣旨であるときには，条例の制定は可能である。このように法律先占論は否定されたが，他方で，(2)国の法令が存在しない場合でも，法令が規制せずに放置する趣旨であるときには，条例を制定することはできない。結局のところ，法令が条例による規制を許容する趣旨か否かがポイントとなっている。

理解できたかチェックしよう

1　国政レベルとの違いを踏まえながら，地方自治体の長・議会・住民の関係について整理してみよう。

2　地方自治法の条文を確認しつつ，国と地方自治体との役割分担や，地方自治体の事務における国の関与について，整理してみよう。

基本的人権と公共の福祉

1 日本国憲法が保障する権利

憲法上の権利の分類

日本国憲法の第3章「国民の権利及び義務」には，さまざまな権利が規定されている（憲法10条～40条）。それらについて個別的に勉強していくことも重要であるが，まずは共通の法的性質に基づいて類型化し，類型ごとにそれぞれの特徴や権利実現のあり方の概要を理解することが有益である。さまざまな分類が可能であるが，国家と国民の関係という観点から分類すると，自由権・社会権・参政権の3つに分けることができる（表11‐1参照）。

自由権・社会権・参政権

自由権は，国民が国家から干渉されない権利（国家からの自由）である。国家が国民の生活領域に介入しないことによって実現されるのが自由権である。

日本国憲法が保障する権利のかなりの部分を占めているのが自由権である。そこで自由権は次の3つにさらに細分される。

第1は思想良心の自由（憲法19条）などの**精神的自由**，第2は財産権（同29条）などの**経済的自由**，第3は奴隷的拘束を受けない権利（同18条）などの**身体的自由**（人身の自由）である。

社会権は，国民が人間らしい生活を国家に請求する権利（国家による自由）である。社会権が実現されるためには，国家が国民の生活領域に積極的に介入して，その生活に配慮し，それを保護することが必要となる。生存権（同25条）が社会権の代表である。

表11-1　憲法上の権利の分類

種　別	内　　容	国家と国民の関係
自由権	干渉されない	国家は国民に対して××しない
社会権	人間らしい生活を請求する	国家は国民に対して××する
参政権	国政に参加する	国民は国家に対して××する

　参政権は，国民が国政に参加する権利（国家への自由）である。参政権は，国民が国家から何かをしてもらうのではなく，国民が国家意思の形成に能動的に参加することによって実現される。参政権は国民主権の原理と密接に関連するという特徴ももつ。選挙権（同15条1項）が参政権の代表である。

2　憲法による権利の保障とその限界

憲法と権利保障　フランス人権宣言16条に定められているように，①権利の保障と②権力の分立が定められていなければ，近代的（立憲的）意味の憲法をもつものとはいえない（第4講参照）。その際，国家権力が濫用されて個人の権利が侵害されることがないように権力を分立させて抑制と均衡を図るのであるから，①権利の保障が目的であり，そのための手段として②権力の分立が必要とされているのである。個人の権利の保障こそが憲法の目的である。

　人が人であるが故に生まれながらにして当然に権利を有するという人権思想は，ジョン・ロックに代表される近代自然権思想の影響を受け，アメリカやフランスの市民革命を経て，憲法典にも取り入れられるようになっていった。日本国憲法においても，そのような「人類の多年にわたる自由獲得の努力の成果」（憲法97条）を踏まえて各種の権利が保障されている。もっとも，日本国憲法が保障する各種の権利がすべて「人権」と特徴づけられるものであるか否かについては争いがあり（たとえば，一定の判断能力を有する共同体構成員にしか認められない参政権は「人権」か，諸外国にはみられない刑事補償請求権〔憲法40条〕は

「人権」といえるのか，など），近時では「憲法が保障する権利」という意味で「基本権」や「憲法上の権利」という表現を使う例が多くなっている。

権利保障の変容 　権利保障は，近代立憲主義が確立して以降，憲法の重要な構成要素であった。しかし，歴史的な展開の中で，①内容についても，②保障方式についても，大きく変容している。

　①内容の変容　　近代憲法においては何よりも**自由権**（国家からの自由）が中心であった。特に経済的自由が保障されたことによって資本主義経済は目覚ましい発展を遂げた。しかし他方で，資本主義の発展にともない，貧富の差の拡大，労働条件の劣悪化，失業・貧困，それらに伴う社会不安の増大等々の弊害が発生することとなった。自由と平等を形式的に保障するだけでは，金持ちはますます富を増やし，貧乏人はますます困窮していく。こうした社会問題の発生にともない，資本主義社会のひずみを是正し，実質的な自由と平等を確保するために，生存権をはじめとする**社会権**が保障されるようになっていった。その代表例が1919年のドイツ憲法（**ワイマール憲法**）である。

　②保障方式の変容　　近代立憲主義における基本権の保障は「法律による保障」であった。基本権の制限には**法律の根拠**が必要であり，法律によらずに基本権を制限することは許されない。国民の権利・自由を制限する際に，国民の代表者である議会の同意を要請する（国民の代表者である議会が権利・自由の制限に同意していないにもかかわらず，行政府が勝手に国民の権利・自由を制限することを禁止する）ものであり，基本権保障におけるその意義は看過されてはならない。国民の代表者である議会に国民の基本権の擁護者としての役割が期待されていたのである。しかし，その後の展開は，議会が基本権の擁護者であるという想定を裏切るものであった。法律による基本権侵害が行われたのである。「法律による保障」という考え方では，法律による基本権侵害に対応することはできない。そこで，主として第二次大戦後の諸憲法では，法律によっても基本権を侵害することは許されないとの考え方がとられるようになり，それを担保するために裁判所による**違憲審査制**が設けられるようになったのである。

❖コラム❖　法律の留保

　法律の留保は，当初は①国民の権利・自由の制限は議会（法律）に留保され，行政府が法律の根拠なく行うことはできない，という意味で用いられていた。しかしその後，「法律による行政の原理」が確立するにつれて，②法律によりさえすれば国民の権利・自由を制限できる，という意味で用いられるようになった。

　行政法学では，現在でも基本原理である「法律による行政の原理」の1つの内容として①の意味で用いられることが多い（その際，法律に留保される事項は権利・自由の制限に限られず，より拡大して理解するのが通例であるが，その拡大範囲については争いがある。ただし，権利・自由の制限に法律の根拠が必要であることには争いはない。第2講・第9講参照）。それに対して憲法学では②の意味で使われることが多い（明治憲法には法律の留保があったが，日本国憲法には法律の留保がないという場合など）。同じ言葉でありながら，憲法学と行政法学で違った意味で用いられるので，公法を勉強する際に最も注意すべき用語の1つである。①の意味での法律の留保は，日本国憲法の下でも重要な要請である。

　以上の歴史的観点からみてみると，日本国憲法では，①自由権だけでなく社会権も保障されており，②法律によっても基本権を侵害することは許されず，憲法に違反するか否かについては裁判所が判断する（第6講参照）というかたちで基本権の裁判的実現が図られている，という特徴をみてとることができる。

憲法による権利保障　日本国憲法が保障している各種の権利は，（たとえその権利が「人権」とは特徴づけられないとしても）**最高法規**である憲法（憲法98条1項）によって保障されているものであるから，法律によっても侵害することは許されない。法律は国民を代表する国会が多数決によって制定するものである（第5講参照）が，憲法よりも下位の法であり，憲法に違反することは許されないからである（第2講・第4講参照）。

　もっとも，憲法上保障された権利だからといって一切制限が許されないというわけではない。たとえば，表現の自由が保障されている（憲法21条）からといって，他人の名誉を毀損するような表現まで許されるわけではなく，他人の名誉を毀損する表現をした場合には，刑事では名誉毀損罪（刑法230条），民事

では損害賠償（民法709条・710条）の責任に問われる可能性がある。しかし，法律によりさえすれば，どのような制限でも許されると考えたのでは，憲法によって権利を保障した意味がなくなってしまう。では，どのような制限なら許され，どのような制限だと許されないのか。

<u>公共の福祉</u>　日本国憲法は，基本権に関する一般的・総則的規定である12条および13条で「**公共の福祉**」による基本権の制限可能性を示している。そのため，上記の問題は「公共の福祉とは何か」という形で議論されてきた。日本国憲法上「公共の福祉」は，12条・13条のほか，経済的自由に関する22条および29条にも登場するため，それらの相互関係をどう捉えるかという問題とも結びついて議論は展開されてきた。

　戦後当初は，公共の福祉を「公益」や「公共の安寧秩序」と理解する見解も説かれたが，この見解によれば広く権利制限が許容されることになってしまうのではないかという懸念から広い支持は得られなかった。代わって広く支持を集めたのは次のような見解である。憲法上の権利を「公益」のような抽象的な理由によって制限することは許されず，ある権利の制限が正当化されるのは他人の権利との関係においてのみである。権利が保障されているといっても他人の権利を侵害することまで認められるわけではなく，他人の権利を侵害してはならないというのは権利自体に内在する制約である。憲法12条および13条の「公共の福祉」とは，このような**内在的制約**（権利の衝突を調整する公平の原理）を意味し，それはすべての基本権に当てはまる。他方，憲法22条および29条の「公共の福祉」は，社会権を実現するために経済的自由が制限されるようになったという歴史的展開（第12講参照）に対応して，経済的自由については社会的・経済的政策に基づく制約（**政策的制約**）にも服することを意味する。

　もっとも，この見解に従えば，街の美観を維持するために広告を規制すること（広告も表現なので表現の自由の制限にあたる）や，公正な刑事裁判を実現するために取材フィルムを証拠として提出させること（表現の自由に含まれる取材の自由の制限にあたる）などの合憲性の説明が困難になってしまう。そのため，個人の権利には還元されない「公の利益」についても考慮に入れなければならな

いという見解が最近再び有力に主張されるようになっている。

権利の制限が正当化される場合　基本権制限の合憲性が実際に争われるのは，とくに違憲審査権を有する裁判所においてである。そのため基本権制限の合憲性に関する具体的な判断のあり方は，憲法訴訟論として展開されてきた。基本権制限が合憲か違憲かについて判断する際の基本的な考え方を示すと次のようになる。

憲法によって保障された権利を制限することは原則として許されない。しかし，例外的に制限が正当化される場合がある（この考え方は，構成要件に該当する行為を行えば原則として違法であるが，例外的に違法性が阻却される場合がある，という刑法の考え方と同じである）。そうした正当化事由（違憲性阻却事由）として次の２つが必要である。

第１に，憲法上の権利を制限するためには，**法律の根拠**（地方自治体の場合には地方議会の制定する条例の根拠）が必要である。国民の権利を制限するためには，国民の代表者である国会が，法律という形式で権利の制限に同意していなければならない。法律に基づかない基本権制限はそれだけで違憲と評価されなければならない。

第２に，法律によりさえすればどのような制限でも許されるわけではなく，無意味に権利を制限することは許されないし，正当な目的のためであっても不必要に（過剰に）権利を制限することは許されない。したがって，**規制の目的**が正当なものでなければならず，**規制の手段**が目的を達成するために適切なものでなければならない。もっとも，目的の正当性，手段の適切性ともに幅のある概念である（刑法における正当防衛や緊急避難の要件に関する議論と同様である）。どのような目的なら権利の制限を正当化する理由になりうるのか（公共の福祉に関する議論はこの点にかかわる），その目的を達成するためにどのような手段でなければならないのか（目的達成に合理的関連性があればよいのか，必要最小限でなければならないのか），という問題については，①権利の重要性と②権利侵害の重大性という２つの変数に対応させて，個別的に判断していかなければならない。ただし，基本的な方向性を示す一定の考え方は存在している。その最も重

要なものが二重の基準論である。

二重の基準論　　憲法上の権利に対する制限が合憲か違憲かを判断する際の基本的な考え方が**二重の基準論**である。二重の基準論とは，**精神的自由**を制限する法律については厳格に，**経済的自由**を制限する法律については緩やかに，裁判所がその合憲性を審査するという考え方である。二重の基準論の論拠としては，さまざまなものがありうるが，まずは次の考え方を理解しておくとよい。

　裁判所が積極的に違憲審査権を行使して法律を違憲と判断する際にネックとなるのは**違憲審査の民主的正統性**という問題である。つまり，国民が直接選挙した（民主的正統性を有する）国会議員が合憲と判断して制定した法律を，国民が直接選挙したわけでもない（民主的正統性をもたない）裁判官が違憲と判断してその効力を否定することがなぜ許されるのか，数百人の国民の代表者の決定を，わずか十数人の裁判官が覆す違憲審査制は反民主主義的な制度ではないか，という問題である。

　このような問題に対して次のように答える。経済的自由の規制は，民主政のプロセスによって是正することができるし，またそうすべきである。経済的自由を規制する法律が制定されたとしても，裁判所にではなく投票箱に訴えることによって多数の賛同を獲得し，規制立法を改正するのが民主主義のあり方として筋である。それに対して，表現の自由を中心とする精神的自由は，民主主義を支える権利であり，表現の自由なしには民主主義はあり得ないという意味で民主政のプロセスに不可欠の権利である（第12講参照）。そのような精神的自由が規制されると，民主政のプロセス自体が機能しなくなるため，民主政のプロセスによって規制立法を是正することは不可能となる。その場合，民主政のプロセスの歪みを是正するために，裁判所が違憲審査権を行使すべきである。違憲審査権は反民主主義的な制度ではなく，民主政のプロセスを維持するために必要な制度であり，民主政のプロセスを機能させなくする精神的自由の制限については，裁判所がその合憲性を厳格に審査すべきである。

　このような考え方は，ある問題を解決する際に議会と裁判所のどちらが適切

に役割を果たすことができるか，という機能分担の観点から考察しようとするものである。そのような考え方を使えるようになるには，それぞれの国家機関の特性を知っておく必要がある。人権論よりも統治機構論の方が興味がわかないという学生は多いかもしれないが，人権論の問題は統治機構論の問題と決して無関係ではないということを理解してほしい。

理解できたかチェックしよう

1　近代立憲主義が確立して以降，憲法による権利保障のあり方が，歴史的な展開の中でどのように変容していったか，説明してみよう。

2　基本権制限の合憲性に関する判断の枠組みについて，整理してみよう。

$$第12講$$

自由権と社会権

1　精神的自由の考え方

精神的自由　日本国憲法は，精神的自由として，思想・良心の自由（憲法19条），信教の自由（同20条），表現の自由（同21条），学問の自由（同23条）を規定している。このうち，思想・良心の自由は，純粋に内心における精神活動にかかわり（内面的精神活動の自由），表現の自由は内心での精神作用を外部に表明する活動の自由（外面的精神活動の自由）である。信教の自由と学問の自由は，それぞれ個別領域における内面的および外面的精神活動の自由である（図12‐1参照）。

　人間が，動物やロボットとは異なり，人間らしく生活していくためには，精神活動の自由が重要である。なかでも内心での精神作用を外部に表明する活動である表現の自由は，個人にとって重要であるというだけでなく，民主主義社会にとって公共的意義を有する権利である。以下では精神的自由の代表として，表現の自由に関する基本的な考え方についてみていくこととする。

表現の自由の重要性　表現の自由は，あらゆる基本権の中でも特に重要な権利だとされている。その根拠として，①個人の自己実現，②国民の自己統治という2つの価値が挙げられる。①個人の自己実現は，個人がさまざまな情報に接したうえで自己の意見を形成し，それを発表し，批判・議論を経て自己の見解を修正・深化させていく，というように表現活動を通じて自己の人格を形成・発展させていく側面に着目した個人的な価値である。それに対して，②国民の自己統治は，民主主義社会にとっての公共的な価

98

図12‐1　精神的自由

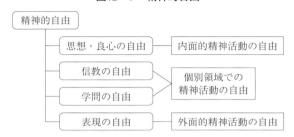

値である。国民が政治的意思決定を行うためには，判断の材料となる情報に自由に接することができ，自分の意見を自由に表明できなければならない。表現の自由がないところでは民主主義は成り立たないのであり，その意味で，表現の自由は民主主義を成り立たせ，民主主義を可能にする権利である。

表現の自由の制限　　　表現の自由は，①個人の自己統治，②国民の自己統治という２つの価値を有しているという理論的観点からだけでなく，時の権力者によって不都合な表現は制限されがちであるという経験的観点からも，表現の自由の規制については慎重に考える必要がある。その際，基本的な考え方として次の３つを理解することが重要である。

　①表現「**内容**」に基づく規制は原則として許されない　　同じく表現の規制といっても，表現内容に基づく規制（内容規制）と，表現内容とは関係のない理由に基づく規制（内容中立規制，態様規制）に分けることができる。内容中立規制であっても表現の機会を失わせるものであるから何でも許容されるというわけでは決してないが，表現内容が不適切である（価値がない）か否かは情報の受け手が判断すべき事柄であり，政府が「表現内容が不適切である（価値がない）」という理由で表現を規制することは許されない。

　②表現行為に対する「**事前**」の規制は原則として許されない　　表現後に実際に問題が発生した場合に取り締まる事後規制と，表現前に問題が発生しそうな場合に行われる事前規制の区分も重要である。事前規制は，表現が公の場に出ないようにするものであるため事後規制よりも表現の自由に対するダメージ

が大きい。また事前規制は，予測に基づいて規制するものであり，規制する側は問題発生のリスクを過度に見積もりがちであるため，濫用のおそれが大きい。そのため，事前規制は原則として許されない（**事前抑制の原則的禁止**）。

　表現「内容」に基づいて「事前」に規制をするのが**検閲**（憲法21条2項前段）である。最高裁は，「検閲」について非常に厳格な定義をしたうえで，検閲の禁止は「公共の福祉」を理由とする例外も許容しない**絶対的禁止**であると解している（最大判1984〔昭和59〕・12・12民集38巻12号1308頁）。

　③**「萎縮効果」にも注意しなければならない**　　表現の自由は社会全体の公共的価値に資するものである。経済活動のように目に見える個人の利益に直接関わるものではないため，リスクを覚悟してまで表現活動を行おうとするインセンティブは高くない。そのため表現活動を規制する際には「萎縮効果」にも注意しなければならない。

　表現活動を直接規制するのではないとしても表現活動に対して不利益が課されるなら，不利益を避けるため「自己検閲」によって情報の提供を躊躇することとなり，社会に情報が出てこなくなる。これでは表現の自由を保障した意義は大きく失われてしまう。このような事態は民主主義社会にとって望ましいものではない。そのため表現活動に対して不利益を課す際には表現活動が委縮しないように注意しなければならない。

　また，萎縮効果の観点から，表現の自由に対する規制は明確であることが要請される（**規制の明確性の要請**）。規制が不明確であれば，不明確な規定の適用を恐れて本来自由に行いうる活動まで差し控えることとなってしまうからである。規制が不明確であるということはグレーゾーンが多いということである。経済活動であればグレーゾーンで金儲けを試みる人は少なからずいるが，表現活動では不利益を被るおそれがあるにもかかわらず表現活動を行うことを期待することはできない。表現活動が委縮してしまわないように，何が許される表現で何が許されない表現（法的責任を追及されうる表現）であるかを明確に規定しておく必要がある。

2　経済的自由の考え方

経済的自由 ── 経済的自由には、①**職業選択の自由**（憲法22条1項）、②**財産権**（同29条）、③居住・移転の自由（同22条1項）などが含まれる。③居住・移転の自由も、土地への封建的拘束からの解放という歴史的な経緯から経済的自由に含まれるとされているが、①職業選択の自由には**営業の自由**も含まれ、②財産権の保障には私有財産制の保障も含まれると一般に考えられているため、①職業選択の自由と②財産権が資本主義経済を支える経済活動の自由に関する重要な基本権である。また、これら経済活動の一環として**契約の自由**も導かれる（三菱樹脂事件：最大判1973〔昭和48〕・12・12民集27巻11号1536頁）。

経済的自由の位置づけ ── 経済的自由は、近代憲法と現代憲法では、その位置づけが異なっている。たとえば財産権についてみれば、フランス人権宣言（1789年）では「不可侵かつ神聖」な権利（17条）と表現されていたのに対して、ワイマール憲法（1919年）においては、「財産権は義務を伴う。その行使は、同時に公共の福祉に役立つべきである」（153条3項）と規定されるようになった。それは次のような歴史的経緯を反映しているからである。

　経済的自由は、近代憲法においては重要な権利として保障されていた。その結果、一方で資本主義経済は目覚ましい発展を遂げたが、他方で弊害も生じてきた。契約の自由を例に見てみると、かつては、賃金であれ労働時間であれ、大人同士が自由な合意に基づいて締結した契約には国家は介入すべきではないとされてきた（国家からの自由）。しかし、低賃金・長時間労働という過酷な労働条件であったとしても生活のために働かざるをえない労働者と、労働条件を呑まない労働者を無理に採用しなくてもいくらでも求職者のいる企業とでは、そもそも対等な関係ではない。にもかかわらず、そのような契約が経済的自由の名の下に放任されれば、貧富の差の拡大、労働条件の劣悪化、失業・貧困等々の弊害が発生することとなるのは当然である。国家もこうした社会問題や

それらに伴う社会不安の増大を放置することができなくなり，社会的・経済的弱者に生存権や労働基本権などの社会権が保障されるようになっていった。しかし，国家が最低賃金を定めたり労働時間を規制したりすることは企業の契約自由に対する介入をも意味しているように，社会権と経済的自由は両立しがたい面がある。そのため，社会権を実現するために経済的自由は広い制限に服すべきだと考えられるようになったのである。

　日本国憲法も，以上のような歴史的展開を反映している。すなわち，個人や企業の自由な経済活動に委ねた方が社会や経済は発展するという経済的自由主義の考え方を基調としている（それゆえ私法の基本原則は**私的自治**である）。しかし同時に，社会権の保障にみられるように，福祉国家・社会国家の理念も取り入れている。そのため政府は，規制・助成・誘導など，さまざまな方法で経済活動に積極的に介入している。以下では，職業選択の自由を例として経済的自由とその規制についてみていく。

| 職業選択の自由 |

前近代社会では，職業は生まれながらにして決まっているのが普通であった。能力があっても職業に就くことができないというのは，本人にとっても社会全体の発展にとっても望ましいことではない。職業に就くことは，単に生計を維持するという意味だけでなく，なりたい職業に就いて自己実現を図るという意味，社会の発展に寄与するという意味をも併せ持っているからである。しかし，なりたい職業に誰でも就けるというわけではないのも当然である。特定の企業への就職を希望しても，その企業にも契約の自由があるため必ず採用されるというわけではない。また，自分で開業する場合でも，一定の資格や許可がなければ開業できないというように，各種の規制が存在している（たとえば医者になるには医師免許が必要であり，ラーメン屋を開業するには保健所長の許可が必要である）。職業は，社会的な活動であるため，多くの人の生命・健康・財産に影響を与えるので精神的自由と比較して公権力による規制の要請が強いというだけでなく，経済的な活動であるため，内在的制約だけでなく政策的制約にも服すると考えられている（第11講参照）からである。

| 職業選択の自由の制限 | 職業に関しては，開業に際しても，開業後の営業活動に際しても，さまざまな規制が存在している。開

業に関する規制にも，届出制・登録制（探偵業，貸金業など），特許制（電気・ガス・公共交通など公共性の高い事業）など，さまざまな規則手法があるが，重要なのは**許可制**（飲食店，旅館業，不動産業，薬局など）である。許可制は，事前に一般的に禁止したうえで，（申請に応じて）個別的に禁止を解除するという法的性質を有する制度である（法令上は「許可」だけでなく「免許」「認証」等の表現が用いられる場合もある。大学生であれば自動車運転免許を念頭に置くとわかりやすいであろう）。許可制が採られている場合には，行政庁の事前の許可がなければ営業することができず，無許可営業に対しては刑罰が予定されているのが通例である。

　事前に一般的に禁止するという点が許可制の最大の特徴であり，さらには民事法・刑事法と対比した行政法の特徴ということができる。自由に行わせた上で，問題が発生した場合に事後的に責任を問う（たとえば，飲食店が食中毒を起こした場合に民事責任〔損害賠償〕や刑事責任〔刑罰〕を負わせる）というのが民事法や刑事法の基本的な考え方である。しかし，こうした事後的責任追及では取り返しがつかないこともある（死亡の場合が典型例）。そのため，事前に規制して問題の発生を予防することが必要となる。このような事前規制こそが民事法・刑事法と対比した行政法の大きな特徴であり，行政法の存在意義の１つであるといえる（第**9**講参照）。

　他方，事前規制であるため，事後規制の場合よりも基本権を強力に制限するものである。それゆえ基本権の観点からの検討が強く要請される。精神的自由である表現の自由については，先に見たように事前規制は原則として禁止されるため，表現の自由に対して許可制を用いることは許されない（表現の自由の要素を有するとはいえ純粋な言論とも異なるデモ行進に対して許可制を用いることが許されるか否かについては争いがある）。それに対して，経済的自由である職業選択の自由については，許可制を採用すること自体が許されないわけではない。しかし，強力な制限であることに変わりはない。また事前規制は予測に基づくも

のであるため，予測が外れることもあれば，リスクを過度に見積もり過ぎてしまうこともある。憲法違反ではないとしても，過度な規制が自由な経済活動を阻害しているのではないかという観点から規制緩和が求められるのはそのためである（もちろん規制緩和の名の下に本当に必要な規制までなくしてしまうことは許されない）。

　許可制は，規制行政の典型的手法であり，伝統的には公共の安全・秩序の維持という消極目的のために用いられたため，「警察許可」といわれてきた。しかし，消極国家から積極国家への転換（第4講参照）にともない，許可制は消極的・警察的な目的のためだけでなく，積極的・政策的な目的のためにも用いられるようになってきている（第9講参照）。最高裁は，このような規制目的の相違によって違憲審査の厳格さに違いが生じるという判断を示している。

> **判　例**　小売市場事件（最大判1972〔昭和47〕・11・22刑集26巻9号586頁）
>
> 　小売商業調整特別措置法に基づく小売市場の許可制（許可の要件として内規で既存小売市場からの距離制限が定められていた）の合憲性が争われた。最高裁は，積極的・政策的な目的の規制については，「著しく不合理であることが明白である場合に限って」違憲とするのが相当であると述べたうえで，小売市場の許可制は中小企業保護政策の一環として小売商を保護するという積極的・政策的な目的の規制であり，著しく不合理であることが明白であるとは認められないとして合憲と判断した。

> **判　例**　薬事法違憲判決（最大判1975〔昭和50〕・4・30民集29巻4号572頁）
>
> 　薬事法に基づく医薬品の一般販売業の許可制（許可の要件として既存業者からの距離制限が法定されていた）の合憲性が争われた。最高裁は，消極的・警察的な目的のための規制については，職業の自由に対する「よりゆるやかな制限によっては目的を十分に達成することができない」と認められることが必要であると述べたうえで，薬事法の規制は不良医薬品の供給による国民の生命及び健康に対する危険の防止という消極的・警察的な目的の規制であると認定し，同じ目的は監視の強化や立入検査のような「よりゆるやかな制限」によって十分に達成できるので，許可制という強力な制限を正当化することはできないとして，薬事法の距離制限を違憲と判断した。

3　社会権の考え方

社会福祉の必要性　日本国憲法の下においても，自分の生活は自分で支える（自立）というのが基本原則である。しかし，子どもや高齢者のように，自分の生活を自分で支えることが期待できない人たちもいる。また，病気やケガ，景気悪化による失業など，本人にはどうしようもない事情によって自分の生活を自分で支えることができない事態が発生することも避けることはできない。そのような人々（しばしば「社会的・経済的弱者」といわれる）に対して，自分の生活を自分で支えることができない以上はどんなに惨めな生活をおくることになろうとも「自己責任」である，といって放置してしまってよいのか。すべての人が「人間らしい生活」をおくれるよう国家が配慮する必要があるのではないのか。

　現在の日本では，すべての人が「人間らしい生活」をおくることができるよう，各種の法律によって（なお不十分であるという批判もあるが）さまざまな仕組みが整備されている。たとえば，病気やケガをして病院へ行けば，低額な料金で医療サービスを受けることができる（国民健康保険法）。高齢者は国から年金を受けることができる（国民年金法）。失業者は失業給付を受けることができるだけでなく，国の機関から職業紹介や職業訓練の援助を受けることもできる（雇用保険法）。子どもは義務教育を無償で受けることができ，貧しい家庭は就学支援を受けることができる（学校教育法など）。また，労働者が過酷な労働を強いられないよう労働時間や最低賃金が規制されており（労働基準法，最低賃金法），合理的な理由のない解雇も禁止されている（労働契約法）。これら各種の法律は，憲法で保障された社会権を実現するために制定されたものである。

社会権の登場　近代憲法においては経済的自由が重視され，国家はできる限り個人の意思を尊重して経済活動には介入せず，最小限度の秩序維持のみを任務とすべきだと考えられていた。しかし，資本主義の発展にともない，貧富の差の拡大，労働条件の劣悪化，失業・貧困等々の社会問題が

発生するようになったため，国家が経済活動に積極的に介入し，国民の福祉の実現を図ることが要請されるようになった。こうした消極国家から積極国家への転換にともなって保障されるようになったのが社会権である（第4講・第11講参照）。このように社会権は，18・19世紀の権利宣言から存在している自由権や参政権とは異なり，20世紀に登場した権利であるため，「20世紀的基本権」といわれることもある。

| 社会権の特徴 | 社会権は「国家による自由」と特徴づけられるものであり，「国家からの自由」を特徴とする自由権とは異なっている点が少なからず存在している。

①法律による具体化の必要性　　自由権が国家に対して国民の活動を妨げないように要求する不作為請求権（「○○するな」）であるのに対して，社会権は，国民が「人間らしい生活」をおくれるよう国家に対して積極的な施策を講じることを要求する作為請求権（「○○せよ」）である。一定の作為を請求するためには，「誰が，誰に対して，何を，どのような要件と手続で請求できるのか」が定まっている必要がある。しかし，憲法は抽象的な理念だけを定めている場合がほとんどであり，憲法の条文から具体的に「○○せよ」という要求を導き出すのは困難であることが多い。そのため社会権は国会の制定する法律による具体化が必要であり，そのような法律がないにもかかわらず，憲法を根拠として裁判所で社会権の実現を求めることは困難であることが多い。

②社会経済政策との関係　　国家が国民の活動を妨げないこと（不作為）によって実現される自由権とは異なり，国家が一定の活動を行うこと（作為）が必要なのが社会権である。当然ながら国家が活動するためにはお金が必要である。社会保障の財源は国民や企業の支払う税金や保険料によってまかなわれている。しかし，財政赤字が恒常化する中で少子高齢化にともなう社会保障費用の増加はどの国にとっても難題となっている。また，福祉を支えるための高い税・社会保険料は個人にとっても企業にとっても大きな負担であり，企業の国際競争力の低下，ひいては海外流出の原因にもなり得る。特に1980年代から福祉国家の問題点（働いても高い税金が課され働かなくても手厚い福祉を享受できる社

会では人々の労働意欲は減退し，福祉国家は社会から活力を奪うなど）を指摘し，経済的自由を再評価する見解（新自由主義と呼ばれる）も有力に主張されている。日本においても，福祉の見直しや社会保障制度改革が行われるようになっている。先に見たように，社会権と経済的自由には両立し難い面があり，社会権を重視すべきか経済的自由を重視すべきかについては，政策的判断に委ねられる面が大きい。これは，経済的自由については，内在的制約だけでなく政策的制約にも服するという形で現れていた。社会権については，その内容を具体化する法律が政策的に決定されるものであるため，社会権の具体的内容が社会経済政策によって左右されるというかたちで現れる。最高裁も社会権（生存権）の具体化に際して，立法府や行政府の裁量を広く認めている。

判 例 朝日訴訟（最大判1967〔昭和42〕・5・24民集21巻5号1043頁）

　肺結核を患い国立療養所に入所していたX（朝日茂）は，生活保護法による①生活扶助（月額600円）と②医療扶助（自己負担なし）を受けていたが，実兄から毎月1,500円の仕送りを受けるようになったため，社会福祉事務所長は①生活扶助を打ち切り，②送金額から生活扶助相当額の600円を控除した900円を医療費の自己負担分とする保護変更決定を行った。Xはこの処分の違法性を争い，月額600円の生活扶助では憲法および生活保護法の保障する健康で文化的な最低限度の生活を維持するには低すぎるなどと主張した。

　Xが上告中に死亡したため，最高裁は，生活保護受給権は一身専属の権利であり，相続の対象とならないため，「本件訴訟はXの死亡によって終了した」と判断した。しかし，「なお，念のため」として括弧書きで，次のような憲法25条に関する判断を示した。憲法25条1項は，すべての国民が健康で文化的な最低限度の生活を営み得るように国政を運営すべきことを国の責務として宣言したにとどまり，直接個々の国民に対して具体的権利を賦与したものではなく，具体的権利は憲法の趣旨を実現するために制定された生活保護法によってはじめて与えられる。「健康で文化的な最低限度の生活」は，抽象的・相対的な概念であるため，何が健康で文化的な最低限度の生活であるかの判断は厚生大臣（現・厚生労働大臣）の合目的的な裁量に委ねられる。もっとも，現実の生活条件を無視して著しく低い基準を設定する場合など裁量権の逸脱・濫用がある場合には違法となる。

判　例 **堀木訴訟**（最大判1982〔昭和57〕・7・7民集36巻7号1235頁）

　視力障害者として国民年金法に基づく障害福祉年金を受給していたＸ（堀木フミ子）は，知事に対して児童扶養手当法に基づく児童扶養手当の受給資格の認定を求めたが，認められなかった。その理由は，児童扶養手当法には公的年金給付を受けることができるときには児童扶養手当を支給しないと定める併給調整規定が置かれており，Ｘは障害福祉年金を受給しているので児童扶養手当の受給資格を欠くというものであった。Ｘが処分の取消し等を求めて提訴し，併給調整規定は憲法25条等に違反すると主張した。最高裁は次のように判断して併給調整条項を合憲とし，原告の請求を斥けた。「憲法25条の規定の趣旨にこたえて具体的にどのような立法措置を講ずるかの選択決定は，立法府の広い裁量にゆだねられており，それが著しく合理性を欠き明らかに裁量の逸脱・濫用と見ざるをえないような場合を除き，裁判所が審査判断するのに適しない事柄である。」

| 生 存 権 |

憲法25条1項は，「健康で文化的な最低限度の生活を営む権利」をすべての国民に保障している。この生存権は，「人間に値する生存（人間らしい生活）」の保障を定めたワイマール憲法151条の理念に共鳴していた社会党議員（鈴木義男，森戸辰男ら）の提案によって導入されたものであり，国家によって生存を脅かされないという自由権として理解したのではその歴史的意味を適切に捉えることはできず，国民が「人間らしい生活」を国家に対して請求する社会権として理解すべきだとされ，社会権の代表として位置づけられてきた。もっとも，国家によって健康で文化的な生活を侵害されないという自由権としての性質も併せ持つという見解も主張されてきた。近年では，福祉の見直しによる給付の引き下げが相次ぐ中で，こうした**生存権の自由権的側面**が注目されることも多くなってきている。

　生存権は，生活保護法，国民健康保険法，国民年金法など，さまざまな法律によって具体化されている。とくに**生活保護法**は，「日本国憲法第25条に規定する理念に基き，国が生活に困窮するすべての国民に対し，その困窮の程度に応じ，必要な保護を行い，その最低限度の生活を保障するとともに，その自立を助長することを目的」（1条）として制定されたものであり，社会保障制度の「最後のセイフティネット」である生活保護について定めている。

理解できたかチェックしよう

1　表現の自由が有する価値について確認しよう。そのうえで，表現の自由の内容規制と事前規制は原則として許されないとされる理由について，説明してみよう。

2　自由権との違いを踏まえながら，社会権の特徴について説明してみよう。

第13講

国家と環境

1　環境法の基礎

(1)　環境法の歴史

公害法前史
　わが国の環境法は，明治時代以降に顕在化した公害問題に対処すべく，公害法として出発した。

　わが国では，明治時代に鉱業が急速に発展し，各地の鉱山や製錬所で大気汚染や水質汚濁等の公害（鉱害）問題が生じた。もっとも，この時代には有効な公害法が存在していなかったため，被害者は，加害者である鉱業主に対して，抗議行動や被害の予防・救済運動を展開するよりほかなかった。鉱害問題の代表例である**足尾銅山鉱毒事件**（足尾銅山の鉱屑堆積場等の施設から排出された鉱毒水が，渡良瀬川流域の農漁業等に被害を生じさせた事件）では，わずかな補償を受けて被害の受忍を強いられた被害農民が，請願運動中に官憲と衝突し，乱闘の末逮捕されるという事態に至った。

公害法の生成
　第二次世界大戦後，わが国では工業が発展し，東京や大阪などの都市部でも公害問題が深刻化した。そのため，東京都では，1949年に工場公害防止条例が制定され，大阪府では，1950年に事業所公害防止条例が制定されるなど，地方公共団体により，工場や事業所の公害を防止する条例が制定された。

　高度経済成長期（1955〜1970年）になると，公害が広域化し，国による法律の制定が急務となった。1958年には，**浦安事件**（千葉県浦安の漁民が，汚水を排出した東京都江戸川区の製紙工場に乱入し，警官隊と衝突した事件）を契機として，

わが国で最初の公害法である「公共用水域の水質の保全に関する法律」および「工場排水等の規制に関する法律」が制定された（**水質二法**）。また，1967年には，公害規制の基本法である**公害対策基本法**が制定された。もっとも，これらの公害法の目的には，生活環境の保全と経済発展との調和を求める経済調和条項が置かれており，事業活動を阻害するような厳格な規制を行うことは困難であった。

　こうした経済優先の思想は，国による本格的な公害対策を怠らせ，**四大公害事件**（熊本水俣病事件，新潟水俣病事件，富山イタイイタイ病事件，四日市ぜんそく事件）を惹起する原因ともなった。四大公害事件において，被害患者は損害賠償請求訴訟を提起し，勝訴判決を得た。しかし，それだけでは公害問題を根本から解決したことにはならない。公害問題を根本から解決するためには，従来の経済優先の思想を改め，公害を未然に防止しうるよう，本格的に公害法を整備する必要があった。このような見地から，1970年に開催された**公害国会**では，公害対策基本法から経済調和条項が削除されたり，水質二法が廃止され，水質汚濁防止法が制定されるなど，さまざまな公害法の制定や改正が行われた。

| 環境法への発展 |

1970年代半ば以降，乱開発や公共事業による自然破壊に国民の関心が集まった。こうした問題は，公害問題とは異なり，必ずしも人間に対して直接的な被害を生じさせるものではないことから，環境問題と呼ばれるようになった。1972年には，各地で深刻化した自然破壊に対処するため，自然保護の基本法である**自然環境保全法**が制定された。かくして，公害対策基本法と自然環境保全法の2つの法律を根幹として，わが国の環境法体系が確立した。

　しかし，1973年のオイルショックにより，経済がマイナス成長に転ずると，経済界から経済成長を重視する声が高まり，1980年代末頃まで，わが国の環境法は停滞を余儀なくされた。たとえば，1970年代前半から環境影響評価法の制定が試みられたものの，経済界や開発関係官庁等の激しい反対により挫折した。

　1980年代末以降，地球温暖化をはじめとする地球環境問題が深刻化すると，

わが国の環境法は新たな展開を迎えた。地球環境問題に対処するため，1992年に，ブラジルのリオデジャネイロで**環境と開発に関する国連会議**が開催され，これを1つの契機として，1993年に，公害対策基本法を廃止するとともに，自然環境保全法の一部を組み入れる形で**環境基本法**が制定された。また，同法の制定以降も，1997年に環境影響評価法，1998年に「地球温暖化対策の推進に関する法律」（温暖化対策推進法），2000年に循環型社会形成推進基本法が制定された。

(2) 環境と環境法

環境とは，一般的に，まわりを取り巻く周囲の状態や世界をいい，「充実した教育環境が整っている」とか，「厳しい経営環境が続く」というように用いられる。

これに対して，環境法における環境とは，一般的な環境の概念よりも狭義にとらえられ，汚染により，人の健康や生活，生態系に支障を及ぼすおそれがあり，国家による何らかの対策が必要となるものなどと定義される。もっとも，環境法における環境を明確に定義づけることは，非常に困難であり，未だ定説をみない状況にある。

この点について，環境基本法は，環境保全に関する施策の策定および実施にあたり，確保されるべき環境要素として，①大気，水，土壌その他の環境の自然的構成要素，②生態系の多様性，野生生物の種の保存その他の生物の多様性，森林，農地，水辺地等における多様な自然環境，③人と自然との豊かな触れ合いを掲げているものの（環境基本法14条），環境については定義していない。立法担当者によれば，環境の範囲は，社会的ニーズや国民的意識の変化にともなって変遷していくものであり，環境基本法は，環境を包括的概念として規定するにとどめているとされる。

なお，環境基本法は，環境に関連する概念として，**「環境への負荷」**，**「地球環境保全」**，**「公害」**の3つを定義している。このうち，環境法の領域において，環境とならんでしばしば用いられる概念として公害がある。環境基本法に

よれば，公害とは，環境の保全上の支障のうち，事業活動その他の人の活動に
ともなって生ずる相当範囲にわたる大気の汚染，水質の汚濁，土壌の汚染，騒
音，振動，地盤の沈下および悪臭によって，人の健康または生活環境に係る被
害が生ずることをいうと定義されている（同2条3項）。

　環境法とは　環境法とは，環境保全上の支障を防止し，良好な環境の確保・
創造を図ることを目的とする法の総称であるなどと定義され
る。

　環境法には，次のような特色がある。

　①　環境法は，公法，私法，国際法といった多様な法が交錯する法領域であ
る。たとえば，環境基本法や環境影響評価法など，わが国国内で制定される環
境関連の法令は，公法（行政法）の領域に属し，事業者の活動によって健康被
害を被った被害者が，当該事業者を被告として提起する損害賠償請求訴訟の法
的根拠となる民法は，私法の領域に属する。また，「気候変動に関する国際連
合枠組条約」（気候変動枠組条約）や「オゾン層の保護のためのウィーン条約」
（ウィーン条約）など，国家間で締結される条約は，国際法の領域に属する。

　②　環境法の前身である公害法は，単なる被害の防止という消極的な目的の
下で，公害を規制するものであった。これに対して，環境法は，このような消
極的な目的のほかに，良好な環境の確保・創造という積極的な目的の下で，総
合的，計画的に環境を管理するものである。そのため，現行の環境法制の下で
は，総合的，計画的に環境を管理する見地から，**環境基本計画や公害防止計画**
などのさまざまな計画が策定されている。

　③　環境問題は，地域の実情に応じて，その様相を異にすることから，環境
法も，地域の実情を反映する形で弾力的に運用される。たとえば，公害発生源
となる工場等からの汚染物質の排出を規制するにあたり，地方公共団体は，条
例により，法令の定める規制よりも厳しい規制を定めたり（上乗せ規制），法令
の規制していない事項を規制することができる（横出し規制）。

(3)　環境法の体系

| 憲　　法 | 環境関連の憲法規定には，**幸福追求権**（憲法13条）および**生存権**（同25条）の規定がある。多くの学説は，これらの規定を解釈することにより，環境権が導き出されるものと解している。 |

環境関連の憲法規定には，**幸福追求権**（憲法13条）および**生存権**（同25条）の規定がある。多くの学説は，これらの規定を解釈することにより，環境権が導き出されるものと解している。

| 法　　律 |

環境法の主要部分は，法律により構成されている。環境法を構成する法律には，①環境基本法，②環境影響評価法，③環境リスク管理法（「化学物質の審査及び製造等の規制に関する法律」〔化学物質審査法〕，「特定化学物質の環境への排出量の把握等及び管理の改善の促進に関する法律」〔PRTR法〕等），④環境汚染規制法（大気汚染防止法，水質汚濁防止法，土壌汚染対策法等），⑤環境循環法（循環型社会形成推進基本法，「資源の有効な利用の促進に関する法律」〔資源有効利用促進法〕，「廃棄物の処理及び清掃に関する法律」〔廃棄物処理法〕等），⑥環境保全法（自然環境保全法，自然公園法，「鳥獣の保護及び管理並びに狩猟の適正化に関する法律」〔鳥獣保護法〕，文化財保護法等），⑦被害者救済法（公害紛争処理法，公害健康被害の補償等に関する法律，民法，国家賠償法，行政事件訴訟法等），⑧費用負担法（公害防止事業費事業者負担法等），⑨環境刑法（人の健康に係る公害犯罪の処罰に関する法律等），⑩環境行政組織法（環境省設置法，公害等調整委員会設置法等）がある。このうち，環境基本法は，環境法を構成する法律の頂点に位置し，そのほかの法律は，環境基本法の下に位置する。

| 命　　令 |

環境法には，多くの専門的・技術的な内容が含まれており，すべての事項を詳細に法律で定めることは困難である。そのため，環境法の領域では，一般的・抽象的な内容を法律で定め，その具体的・実質的な内容については命令に委任するという方法がとられている。たとえば，大気汚染防止法は，ばい煙発生施設において発生するばい煙を同法の規制対象とすることにつき定めているが（大気汚染防止法2条），具体的にどのような施設がばい煙発生施設に該当するかについては，大気汚染防止法施行令という命令（政令）が定めている（大気汚染防止法施行令2条，別表第1）。

| 条　　例 |

地方公共団体は，法令に違反しない限りにおいて，条例を制定することができる（憲法94条，地方自治法14条）。

　地方公共団体は，第二次世界大戦後，国に先駆けて，工場や事業所の公害を防止する条例を制定していたが，国による公害法の整備後は，法令の定める規制よりも厳しい規制を定める条例（**上乗せ条例**）や，法令の規制していない事項を規制する条例（**横出し条例**）を制定するようになった。そのため，これらの条例が法令に違反しないか否かが問題となった。

　この点については，従来，上乗せ条例と横出し条例はいずれも法令に違反すると解されていたが，今日では，法令が条例による別段の規制を施すことを容認する趣旨であれば，これらの条例は法令に違反しないと解されている。また，上乗せや横出しができる旨を規定する法律もある（大気汚染防止法4条，32条，水質汚濁防止法3条，29条等）。

条　約　地球環境問題に対処するため，国家間で締結される条約には，①大気・気候関係の条約（気候変動枠組条約，ウィーン条約等），②海洋関係の条約（「海洋法に関する国際連合条約」〔国連海洋法条約〕，「1973年の船舶による汚染の防止のための国際条約」〔マルポール条約〕等），③廃棄物関係の条約（「有害廃棄物の国境を越える移動及びその処分の規制に関するバーゼル条約」〔バーゼル条約〕等），④自然・文化財保護関係の条約（「生物の多様性に関する条約」〔生物多様性条約〕，「絶滅のおそれのある野生動植物の種の国際取引に関する条約」〔ワシントン条約〕，「世界の文化遺産及び自然遺産の保護に関する条約」〔世界遺産条約〕等）がある。

2　環境法と公法

(1)　環境権と憲法

環境権とは　既述のように，憲法には環境権を導き出す規定が含まれている。環境権とは，良好な環境を享受することができる権利である。環境権は，1970年3月に東京で開催された公害国際会議において提唱され，同年9月に新潟で開催された日本弁護士連合会（日弁連）の大会において理論的に検討された。

115

1972年には，スウェーデンのストックホルムで開催された**国連人間環境会議**において，「人は，尊厳と福祉を保つに足る環境で，自由，平等及び十分な生活水準を享受する基本的権利を有する」とする人間環境宣言が採択され，環境権を承認する必要性が世界的に認識された。それ以降，憲法に環境権を明記する国が増加している。

| 基本的人権と |
| しての環境権 |

わが国の憲法には，環境権を明文で認める規定は置かれていない。しかし，環境権は，良好な環境の享受を妨げられないという点で，**自由権**としての側面を有する一方，人間が生存するために必要不可欠なものであり，その実現には公権力による積極的な環境施策が必要とされるという点で，**社会権**としての性格を有する。このことから，多くの学説は，憲法13条の幸福追求権および25条の生存権の規定を解釈することにより，基本的人権の1つとして環境権が導き出されると解している。

　環境権が基本的人権の1つとして認められることは，環境権が立法や行政などの国家活動において尊重されるべき指導理念になることを意味する。問題は，基本的人権の1つとして認められている環境権が，裁判において救済を受けることのできる具体性を備えた私法上の権利として認められるか，とりわけ，環境を侵害する行為に対する**差止請求**（他人の違法な行為により権利を侵害されまたは侵害されるおそれがある場合に，その行為をやめるよう求める訴え）の根拠として認められるかである。

| 私法上の権利 |
| としての環境権 |

この点につき，わが国では，当初，環境権を基本的人権とともに私法上の権利として把握し，みだりに環境を破壊し，快適な生活を妨げようとする者に対して，環境権に基づいて，差止請求をすることができるという主張が，日本弁護士連合会を中心として展開されていた。

　これに対しては，環境権の根拠とされる憲法13条および25条が国民に対して具体的請求権を認めたものではないこと，環境権の内容が不明確であることなどを理由として，環境権を差止請求の根拠として認めることに批判的な見解が示された。その後，これらの批判に応えるため，学説上，さまざまな主張が展

開されているものの，いずれも多数説になっているとはいいがたい状況である。

　裁判所は，これまでのところ環境権を差止請求の根拠として認めていない。下級審判決のなかには，その理由を，憲法13条および25条が国民一般に対する責務を定めた綱領的規定であり，国民に対して具体的請求権を認めるものではないことに求めるものや（大阪地判1974〔昭和49〕・2・27判時729号3頁），環境権の内容や範囲等が不明確であることに求めるものがある（札幌地判1980〔昭和55〕・10・14判時988号37頁）。

> 参加権としての環境権

　裁判所が，環境権を認めることにつき消極的な態度を示すなか，近時の有力説は，政策決定過程において，市民の参加を認め，手続的に環境権を保障しようとする見解を示している。これは，環境権を立法・行政過程への**参加権**としてとらえるものである。

　環境権の参加権としての位置づけは，1998年に採択された「環境問題における情報へのアクセス，意思決定への市民参加及び司法へのアクセスに関する条約」（オーフス条約）において明確化された。わが国は，オーフス条約の締約国ではないものの，参加権としての環境権は，表現の自由の具体化でもあり，憲法上の権利として位置づけられるとの指摘がある。

　参加権としての環境権を手続的に保障するために必要となるのが，**情報公開**と意見聴取である。わが国では，環境影響評価法が，環境影響評価方法書，環境影響評価準備書および環境影響評価書の公告・縦覧手続につき規定するほか（環境影響評価法7条，16条，27条），環境影響評価方法書および環境影響評価準備書について環境保全の見地から意見を有する者は，事業者に対して意見書を提出することができることにつき規定しており（同8条，18条），環境法固有の市民参加の制度が，ある程度整備されている。

(2)　環境保全と行政法

> 行政による環境保全

　公害をはじめとする環境汚染により被害を受けまたは被害を受けるおそれのある者は，加害者を相手とし

て，民事訴訟を提起することにより，その救済を求めることができる。しかし，民事訴訟は，発生した紛争を解決するための手段であり，紛争の発生を予防，回避しえないという点に限界を有する。

　民事訴訟の限界を克服するためには，紛争の発生を予防，回避しうるような一般的なルールをあらかじめ定めておく必要がある。このような見地から，わが国ではさまざまな環境関連の法令が制定されているが，これらの法令を執行し，実際に環境保全の任にあたるのは，行政である。この点で，環境法は，行政の組織や作用に関する法である行政法と密接な関係にある。

　　| 伝統的な環境 |
　　| 保全の手法 |

　行政が環境を保全するために用いる手法には，さまざまなものがあるが，このうち，最も伝統的な手法が，**規制的手法**である。規制的手法とは，規制基準（公害発生源から排出される汚染物質の許容基準）を設定して，その遵守を強制する手法である。たとえば，大気汚染防止法では，ばい煙の排出基準（規制基準）が設定され，これに適合しないばい煙発生施設の事業者に対しては，その改善または当該施設の一時使用停止が都道府県知事により命じられ，この命令に違反した当該施設の事業者に対しては，刑罰が科されるようになっている。

　規制的手法は，工場のような特定汚染源を取り締まるのに効果的であり，現在でも，環境を保全するうえで重要な手法の１つであることに変わりはない。もっとも，規制的手法は，設定された基準をさらに下まわるように環境汚染を低減しようとする刺激（インセンティブ）にはならない。

　　| 現代的な環境 |
　　| 保全の手法 |

　そこで，近時，このような規制的手法の欠陥を補う環境保全の手法として注目されているのが，**経済的手法**である。経済的手法とは，税や補助金などの経済的な刺激を与えることにより，市場を通じて環境保全を行う手法である。

　経済的手法は，これまで無料であると考えられていた環境の利用や汚染を有料であると考え，汚染物質を排出する者にその排出量に応じて税を課したり，環境汚染を防止する活動を行う者に補助金を交付するなどするものである。そのため，これらの者には，設定された基準をさらに下まわるように環境汚染を

低減しようとする刺激が与えられる。

　経済的手法には，主に，①**環境税・賦課金制度**（汚染物質を排出する者にその排出量に応じて税や賦課金を課する制度），②**補助金制度**（環境汚染を防止する活動や環境を保全する活動を行う者に補助金を交付する制度），③**排出権取引制度**（環境に影響を及ぼす汚染物質を排出する権利を売買する制度），④**預託金払戻制度**（飲料容器や包装材など，環境に影響を及ぼす製品に一定金額を上乗せして販売し，その製品が返還された場合に，この金額を払い戻す制度）がある。

　　| 理解できたかチェックしよう |

1　環境法の分野における法律と命令，法律と条例との関係について，それぞれ説明してみよう。
2　行政が環境を保全するために用いる手法として，どのような手法があるか，整理してみよう。

情報公開・個人情報保護

1　情報公開制度

情報公開法制の展開　1970年代前半，沖縄返還協定に関わる外務省の機密文書を入手した記者が国家公務員法違反で起訴された沖縄密約電文漏洩事件をきっかけとして，国民の知る権利に関する議論が高まり，公務は原則として国民による不断の監視と公共的討論の場での批判または支持を受けつつ行われるべきであって，そのためにも政府情報の公開が必要であるという認識が国民の間に広まった。その後，ロッキード事件の発覚（1976年）もあって，国民の知る権利の重要性の認識が一層高まることになり，地方自治体を中心にして，情報公開の制度化に向けた動きが活発化してきた。

　地方自治体では，1982年3月に金山町（山形県）においてわが国で最初の公文書公開条例が制定されることになった。そして，同年10月には，神奈川県が条例を制定し，今日では，ほとんどの地方自治体において，情報公開条例が制定され運用されている。国レベルでは，1999年になって，ようやく**行政機関の保有する情報の公開に関する法律**（情報公開法）が制定されることになった。

知る権利と
情報公開制度　情報公開制度の基本的な理念は国民の**知る権利**に奉仕することである。知る権利には，情報の収集活動が公権力によって妨害されないという自由権的側面と，政府や地方自治体に対して情報の開示を請求するという請求権的側面の両面がある。

　情報公開制度は，請求権としての知る権利の行使の要件や手続を定める制度であるといえるが，他方，この制度は，民主主義社会の実現に向けて，以下の

ような効用を有することにも注意すべきである。

　①**説明責任**（行政は市民に対して税金の使い道やその仕事の内容を明らかにしていく責任がある），②**国民との信頼関係の維持**（秘密主義で仕事をしている人を信用しろといわれても無理である），③**市民参加**（市民が行政に参加していくためには情報の共有化が不可欠である），④**行政の監視**（行政が不正行為をしないように監視するためには情報の公開が不可欠である）。

> **情報公開制度と他の制度の違い**

広報などの情報提供制度は，国や地方自治体が提供すべき情報を選択・加工して市民に一方的に提供する制度であるのに対して，情報公開制度は，市民からの請求に基づき行政の保有する情報を公開する制度である。また，情報公開請求と自己情報開示請求とは制度上区別される。情報公開請求は知る権利の保障に奉仕するものであるのに対して，自己情報開示請求はプライバシーの権利＝自己情報コントロール権（後述）の保障に奉仕するものとして，個人情報保護制度で規定される。情報公開請求の対象情報に第三者の個人情報が含まれている場合には，その情報は原則として非公開となるのに対して，自己情報の開示請求の場合は，原則公開となる。また，情報公開制度は国民に権利としての開示請求権を認めるものであって，行政のサービスとしてなされる情報の提供と区別しなければならない。国民に権利を設定する以上，行政の内部規範である要綱等によって定めるのは適当ではなく，議会の議決によって制定される規範（法律や条例）で定めることが求められる。

> **情報公開制度の内容**

以下では，情報公開法を取り上げて，情報公開制度の概要を示しておこう。

　①**対象機関**　情報公開法は，国会，裁判所を対象機関とはしていない。しかし，行政機関については，内閣自体は文書管理を行っていないので除かれているが，内閣官房などの内閣に置かれる機関，外務省，防衛省，国家公安委員会，警察庁などの国家安全保障や国内治安に関わる事務を司る機関も含めて，各省各庁等の国家行政組織法上の機関，内閣から独立した会計検査院に至るまで，実質的にすべての機関が対象とされている（情報公開法2条1項）。

②対象情報　　請求対象となる行政文書は，行政機関の職員が職務上作成し，または取得した文書，図画，電磁的記録であって，当該行政機関の職員が組織的に用いるものとして，当該行政機関が保有しているものをいう（同2条2項本文）。請求時点において存在する文書を開示すればよく，当該時点において存在していない文書を作成する義務はない。紙媒体の情報だけでなく，磁気テープ，磁気ディスク，光ディスク等すべての磁気的記録が対象となる。組織供用文書であれば対象文書になるのであって，役所内部で権限を有する者が可決した決裁文書でなくても，組織的に供用される状態にあれば対象文書になる。職員の個人的な検討段階のメモは対象とはならないが，それをコピーして職務遂行のために関係者に配布したような場合には組織供用性が認められることもある。

　③請求権者　　情報公開法は，何人にも開示請求権を認めている（同3条）。したがって，外国に在住する外国人も開示請求を行うことができる。

　④不開示情報　　行政情報は原則公開であるが，私人の権利利益や公益の保護の観点から不開示とせざるをえない情報もある。情報公開法は，7種類（個人情報，行政機関等匿名加工情報等〔2021年改正前は「行政機関非識別加工情報等」〕，法人等情報，国の安全等に関する情報，公共の安全等に関する情報，審議・検討または協議に関する情報，事務または事業に関する情報）の不開示情報を定めている（同5条）。

　⑤救済制度　　開示請求に対する不開示決定に対しては，行政上の不服申立ての制度（行政不服審査法に基づき，行政庁の違法または不当な処分等について，特定の行政機関に対し，その取消しや是正を求める制度）と行政訴訟制度（行政事件訴訟法に基づき，行政庁の違法な処分等について，裁判所に対し，その取消し等を求める制度）を利用して救済を求めることができる。行政不服申立てがなされた場合には，原則として，情報公開・個人情報保護審査会という中立的機関に諮問され，当該審査会の答申を受けて行政機関の長が不服申立てに対する決定（裁決）を行う仕組みが採用されている（同19条）。

2　個人情報保護制度

伝統的なプライ バシーの権利
プライバシーとされる事柄にはさまざまなものがあり，秘密にされるべきことも個人によって異なる。しかし，犯罪歴，病歴，財産状況等，社会通念として，大方の人が秘匿を欲するであろうと考えられるものをあげることはできる。日常的に使われている意味では，プライバシーとは，他人から干渉されない私的な生活領域（空間）を意味する。

他人から干渉されない私的な生活領域は，プライバシーの権利として，憲法によって保護される（憲法13条）。プライバシーの権利は，本来，個人の私生活を暴露するイエロージャーナリズムに対抗するために19世紀後半のアメリカで主張されだしたが，その後，アメリカだけでなく，ヨーロッパ各国においても，裁判所の判例や法律の制定を通じて次第に承認され定着していくことになった。

『宴のあと』事件
わが国ではじめてプライバシーの権利が裁判所で取り上げられたのが，いわゆる**『宴のあと』事件**（東京地判1964〔昭和39〕・9・28下民集15巻9号2317頁）である。これは，東京都知事選の候補にもなったことのある政治家が，自分をモデルにして書かれた『宴のあと』と題する小説の作者と出版社を相手にして謝罪広告と損害賠償を求めて提起した訴訟についての判決である。この判決において，東京地裁は，以下のような理由で原告の訴えを認容した。

①「私事をみだりに公開されないという保障が，今日のマスコミュニケーションの発達した社会では個人の尊厳を保ち幸福の追求を保障するうえにおいて必要不可欠なものであるとみられるに至っていることと合わせ考えるならば，その尊重はもはや単に倫理的に要請されるにとどまらず，不法な侵害に対しては法的な救済が与えられるまでに高められた人格的な利益であると考えるのが正当」である。

②「プライバシーの侵害に対して法的な救済が与えられるためには，公開された内容が(イ)私生活上の事実または私生活上の事実らしく受け取られるおそれのあることがらであること，(ロ)一般人の感受性を基準にして当該私人の立場に立った場合公開を欲しないであろうと認められることがらであること，(ハ)一般の人々に未だ知られていないことがらであることを必要とし，このような公開によって当該私人が実際に不快，不安の念を覚えたことを必要とする」。

| 自 己 情 報 コントロール権 | 伝統的なプライバシーの権利は，個人の静穏な生活領域に他者が入ってくることを拒否する権利（一人に居させて |

もらう権利）として理解されてきたが，情報化社会の進展のなかで，新しいプライバシーの権利概念が生み出されてきた。

　情報化社会の進展は，一方において，われわれの生活を便利にする。しかし，その一方で，個人のプライバシー等に関わるさまざまな問題も引き起こすことになる。たとえば，コンピュータの利用によって，データの高速・大量処理が可能となるが，このことは，短期間で大量の個人情報が盗取・改ざんされる可能性を新たに生み出すことになる。また，大量の情報をコンパクトに収録・管理する技術の開発は個人データの盗取を容易にするだけでなく，その発見を困難にする。さらに，情報ネットワークシステム技術の発展は遠隔地からの個人データの盗取を容易にする。

　このように，現代の情報化社会においてコンピュータの利用が一般化・高度化していくにつれて，個人情報が漏えいや濫用のおそれだけでなく，自分の知らないところで自分の情報が正当な理由もなく収集されたり，利用・提供されたりするおそれもまた生じてくることになる。このような状況の下で，従来のような静態的なプライバシーの権利概念のとらえ方では不十分であって，自分の情報の流れを自分でコントロールする権利（自己情報コントロール権）としてプライバシーの権利をとらえるべきであるという新たな主張がされだしたのである。

| 個人情報保護制度 は な ぜ 必 要 か | 国や地方自治体にとって個人情報を利用することはその仕事を行ううえで必要なことであるとしても，その収 |

集，保管，利用等について明確なルールがなければ，個人情報の悪用，改ざん等がなされ，その結果，個人の人権が侵害されるおそれがある。確かに，国家公務員法や地方公務員法には守秘義務規定があり，「職務上知り得た秘密」を漏らした場合には，罰則規定の適用もある。しかし，公務員法の規定する守秘義務は，秘密とすべき行政情報（そのなかに個人情報も入る）の保護を目的とするものであって，個人情報の保護を直接の目的とするものではない。また，個人情報の保護は，それが外部に漏れなければそれで十分であるとはいえないのであって，行政内部で個人情報が本来収集された目的とは異なる目的に利用されたり，不当に改ざんされることもありうるのである。個人情報保護制度は，このように，行政による個人情報の収集から廃棄に至るまでの過程を，自己情報コントロール権の保護の観点から，全体的に規制するとともに，自己情報の開示・訂正などの個人の請求権を規定することを目的としている。

個人情報保護制度の内容　個人情報保護制度を最初につくったのは，情報公開制度と同様，地方自治体であった。国の行政機関が電子計算機で処理する情報については，「行政機関の保有する電子計算機処理に係る個人情報の保護に関する法律」（1988年）があったが，それは，行政機関のみを対象とするものであり，かつ保護の対象も内容も十分なものではなかったことから，保護制度を充実させるためのさらなる立法措置を行うべきであるという声が以前から強かった。このような状況において，2003年に，ようやく，「個人情報の保護に関する法律」（個人情報保護法），「行政機関の保有する個人情報の保護に関する法律」（行政機関個人情報保護法），「独立行政法人等の保有する個人情報の保護に関する法律」（独立行政法人等個人情報保護法）が制定された。その後，2015〜2016年には，ビッグデータの活用による新産業の創出等を促すために上記3法が改正され，パーソナルデータの利活用に関する規定が盛り込まれた。また，上記3法を**個人情報保護法**に統合すること等を盛り込んだ「デジタル社会の形成を図るための関係法律の整備に関する法律」が，2021年5月に可決・成立した。

　個人情報保護法の対象となる個人情報は，生存する個人に関する情報であっ

て，当該情報に含まれる氏名，生年月日，その他の記述等から特定個人を識別できるものである。行政機関等は，その事務を遂行するのに必要な範囲において個人情報を保有することができ，保有個人情報の利用目的の変更は，変更前の利用目的と「相当の関連性」を有すると合理的に認められる範囲に限られる（2021年改正後の個人情報保護法61条）。保有個人情報については，本人は，開示・訂正を請求することができ，一定の場合には利用停止を請求することができる（同76〜103条）。また，これらの請求に対する決定等に不服がある場合には，行政不服審査法による不服申立てができる（同104条以下）。

　パーソナルデータの利活用については，民間事業者からの提案を受けて，行政機関の長等がこれを審査し，当該事業者と契約を締結したうえで，当該行政機関等が保有するパーソナルデータを加工し，特定の個人を識別することができないようにする等したうえで，これを当該事業者に提供する仕組みとなっている（同第5章第5節「行政機関等匿名加工情報の提供等」）。

理解できたかチェックしよう

1　情報公開制度の目的は何か，説明してみよう。また，情報公開制度の内容について，情報公開法の条文を確認しつつ，整理してみよう。
2　情報化社会におけるプライバシー権の内容を確認したうえで，個人情報保護制度の意義について説明してみよう。

公法を学ぶポイント

　他の法領域とは異なる公法の領域だけに固有な学習方法というものはないが，憲法，行政法等の公法に属する科目を勉強する際にとくに注意する必要のある点をいくつか述べておこう。

(1)　原理・原則が生み出された歴史的な背景を理解する

　基本的人権の尊重，国民主権，平和主義などのわが国の現行憲法の支柱を形づくる原理・原則は，西欧やわが国の歴史のなかから生み出されたものである。したがって，これらの原理・原則の本来の意味を理解するためには，欧米における立憲主義思想の形成・発展や明治憲法から現行憲法への国家観の転換などの歴史的な出来事の意義を正確におさえておく必要がある。

(2)　公法規範の理念・目的を常に意識しておく

　公法規範の目的として第1にあげられることは，国家統治権の発動を法の下で統制することである。「法の支配」や「法治主義」という言葉がもつ本来の意味は，国家がつくった法に国民が従うことを求めることにあるのではなく，国民の権利・自由を守るために国家を統制することにあることを忘れてはならない。公法上の諸制度の評価や公法規範の解釈・適用にあたっても，この基本的視点に立って行うことが求められる。

(3)　憲法と行政法の密接な関係に配慮する

　近代ドイツ行政法の創設者であるマイヤー（Otto Mayer）が「憲法は滅びても行政法は存続する」と述べたことは有名である。これは，19世紀につくられ

た帝国憲法からワイマール憲法に変わっても，自分のつくった行政法の体系は基本的に変わらないということをいっているのだが，このような考え方は，少なくとも，日本国憲法下における行政法にはあてはまらない。憲法と行政法は密接な関係の下にあるのであって，この点では，行政法は「具体化された憲法」（戦後西ドイツで連邦行政裁判所の長官を務めたヴェルナー判事の言葉）であるといったほうが正しいであろう。そして，この言葉が示すように，行政法が憲法によって示された原理・原則を具体化する法である以上，どのような視点から行政法規の解釈・適用を行うことが憲法規範の目的・理念に適合するものであるかを常に考えておくことが求められることになるであろう。

⑷ 原理・原則に基づく法制度の体系的理解を心がける

　行政関係の法令は，民法や刑法のそれよりも圧倒的に多く，かつ頻繁に制定・改廃される。だから多種多様な行政活動領域に妥当する膨大な量の法令を正確に把握することは行政法を専門に研究する者でも不可能に近い。そこで，行政法学ではさまざまな行政法領域に共通して妥当する一般的な原理・原則（法律による行政の原理や行政行為の効力など）の発見・形成に力を注いできたのである。たとえば，生活保護行政と建築規制行政は，前者が給付行政で後者は規制行政なのでお互い異なる性格・目的をもった行政活動であるといえるが，生活保護の給付決定と建築確認は行政法学上の「行政行為」として同一の行為形式の下に論じられることになるのである。このような点を考えるならば，行政法学を学習するにあたっては，直接，個々の法律にあたるのではなく，まず，行政法上の原理・原則や諸概念の内容を正確に把握したうえで個々の実定法規にアプローチしていく方法が効果的であるといえるであろう。

【文献案内】

　公法の参考文献は，入門的・啓蒙的なもの，概説書ないし教科書的なもの，専門的な論文集などすべてのものを入れると，おびただしい数にのぼる。そのすべてをここで取り上げることは不可能であるし，また，その必要もない。そ

こで，以下では，公法をはじめて学ぶ者が参照するのに適していると思われる
文献を項目別に数点ずつ掲げることにした。公法の学習をさらに深めたいと思
う人は，これらの文献を手がかりにして，専門的な学術論文にもチャレンジし
てもらいたい。

第 1 講・第 2 講・第 3 講▶ 法について初歩からかなり高度なことまで学ぶことので
きる入門書として，田中成明『法学入門〔第 2 版〕』（有斐閣，2016年）が挙げられ
る。また，公法と私法の区別に関しては，伊藤正己・加藤一郎編『現代法学入門〔第
4 版〕』（有斐閣，2005年）がわかりやすい。村上英明・小原清信編『新・なるほど！
公法入門』（法律文化社，2012年）は，公法の分野の科目をはじめて受講するときに
スムーズに理解できるように編集された入門書である。

第 4 講▶ 芦部信喜（高橋和之補訂）『憲法〔第 7 版〕』（岩波書店，2019年），佐藤幸治
『日本国憲法論〔第 2 版〕』（成文堂，2020年）が標準的な憲法の概説書である。長谷
部恭男『憲法とは何か』（岩波書店，2006年），佐藤幸治『立憲主義について』（左右
社，2015年）は，理論的および歴史的に立憲主義の意義について説明してくれる。小
泉洋一ほか『憲法の基本〔第 3 版〕』（法律文化社，2016年）は憲法の新しい概説書で
ある。

第 5 講▶ 国会の仕組みや国会に関する論議については，大山礼子『日本の国会』（岩
波書店，2011年）が参考になる。大石眞『議会法』（有斐閣，2001年）は議会制と国
会について専門的に広く学ぶ場合に有益である。立法については，大森政輔・鎌田薫
編『立法学講義〔補遺〕』（商事法務，2011年）で詳しく学ぶことができる。

第 6 講▶ 市川正人・酒巻匡・山本和彦『現代の裁判〔第 7 版〕』（有斐閣，2017年）は
裁判所や裁判に関する入門書である。井上薫『法廷傍聴へ行こう〔第 5 版〕』（法学書
院，2010年）は，実際に裁判所へ行って法廷で傍聴する際に参考となるだけでなく，
裁判に関する入門書としても有益である。縁遠く感じてしまいがちな最高裁判所につ
いて興味をもつための読み物としては，山本祐司『最高裁物語（上）（下）』（講談
社，1997年）が有益である。

第 7 講▶ 日本の議院内閣制を「国民内閣制」という観点から捉えようとするのが，高
橋和之『立憲主義と日本国憲法〔第 5 版〕』（有斐閣，2020年）である。大石眞ほか編
著『首相公選を考える』（中央公論新社，2002年）は，首相公選制について検討を加
えたものであるが，現行制度の意義や問題点を把握するうえでも有益である。

第 8 講▶ 行政組織法の全体像について詳しく知りたい場合には，藤田宙靖『行政組織
法』（有斐閣，2005年）が有益である。宇賀克也『行政法概説Ⅲ〔第 5 版〕』（有斐

閣, 2019年）は, 行政組織法・公務員法に関する最新の情報を多く取り入れた概説書である。

第9講▶ 行政活動とその法的統制のあり方についてコンパクトにまとめられた入門書としては, 芝池義一『行政法読本〔第4版〕』（有斐閣, 2016年）や北村和生・佐伯彰洋・佐藤英世・高橋明男『行政法の基本〔第7版〕』（法律文化社, 2019年）があげられる。

第10講▶ 地方自治についての基本的な考え方を学ぶのであれば古い本でも有益なものもあるが, 法改正が多いので, 昔の法状況を昔のこととして読むだけの力がつくまでは, できるだけ新しい本を選んだ方が無難である。板垣勝彦『自治体職員のためのようこそ地方自治法〔第3版〕』（第一法規, 2020年）は初学者向けの入門書である。宇賀克也『地方自治法概説〔第9版〕』（有斐閣, 2021年）は多くの情報が掲載された詳細な概説書である。

第11講・第12講▶ 長谷部恭男『憲法〔第7版〕』（新世社, 2018年）が伝統的な見解から最近の議論までフォローするのに有益である。基本権については, 判例の知識が不可欠である。主要な判例について勉強するには, 長谷部恭男ほか編『憲法判例百選Ⅰ・Ⅱ〔第7版〕』（有斐閣, 2019年）が有益である。

第13講▶ 環境法の学び方についてわかりやすく解説した入門書として, 北村喜宣『プレップ環境法〔第2版〕』（弘文堂, 2011年）が挙げられる。また, 環境法の全貌をわかりやすく解説した教科書としては, 南博方・大久保規子『要説環境法〔第4版〕』（有斐閣, 2009年）, 大塚直『環境法BASIC〔第2版〕』（有斐閣, 2016年）や吉村良一・水野武夫・藤原猛爾編『環境法入門〔第4版〕』（法律文化社, 2013年）を推薦することができる。

第14講▶ 宇賀克也『新・情報公開法の逐条解説〔第8版〕』（有斐閣, 2018年）および宇賀克也『個人情報保護法の逐条解説〔第6版〕』（有斐閣, 2018年）は, 情報公開法・個人情報保護法の立法経緯に関わる資料が多く収録されており, これらの体系や立法趣旨を理解するうえで参考になる。

―――――――― 執筆者紹介 ――――――――

(＊は編者)

＊小泉　洋一　元・甲南大学法学部教授　　　　　（はじめに，第 1，4，5，7，11，12 講）
　こいずみ　よういち

＊島田　茂　甲南大学名誉教授　　　　　　　　　（第 2，3，8，9，10，14 講，おわりに）
　しまだ　しげる

　櫻井　智章　甲南大学法学部教授　　　　　　　　　　　　　　　　　　　　（第 6 講）
　さくらい　ともあき

　岡森　識晃　甲南大学法学部教授　　　　　　　　　　　　　　　　　　　　（第 13 講）
　おかもり　しあき

―――――――― 第 3 版補訂分担 ――――――――

　櫻井　智章　甲南大学法学部教授　　　　　　　（はじめに，第 1，4 - 7，10 - 12 講）
　さくらい　ともあき

　小舟　賢　甲南大学法学部准教授　　　　　　　（第 2，3，8，9，13，14 講，おわりに）
　こぶね　まさる

　早瀬　勝明　甲南大学法学部教授　　　　　（各講「理解できたかチェックしよう」）
　はやせ　かつあき

　篠原　永明　甲南大学法学部准教授　　　　　（各講「理解できたかチェックしよう」）
　しのはら　のりあき

Horitsu Bunka Sha

公法入門〔第3版〕

2009年4月5日　初　版第1刷発行
2016年2月10日　第2版第1刷発行
2021年8月15日　第3版第1刷発行

編　者　　小泉洋一・島田　茂

発行者　　畑　　光

発行所　　　株式会社 法律文化社

　　　　　〒603-8053
　　　　　京都市北区上賀茂岩ヶ垣内町71
　　　　　電話 075(791)7131　FAX 075(721)8400
　　　　　https://www.hou-bun.com/

印刷：共同印刷工業㈱／製本：新生製本㈱
装幀：白沢　正

ISBN 978-4-589-04166-1

吉永一行編 # 法 学 部 入 門〔第3版〕 —はじめて法律を学ぶ人のための道案内— A5判・194頁・2310円	法学部はどんなところ?「学生のつまずきの石」を出発点に,法学部新入生の学習をサポート。「何を学ぶか」「どう学ぶか」の二部構成からなり,法学部生らしい考え方が身につく一冊。法律上の年齢にまつわる豆知識を随所で紹介し,楽しく読み進める仕掛けを追加。
君塚正臣編 # 大 学 生 の た め の 憲 法 A5判・342頁・2750円	法学部専門科目の「憲法」にも教養科目「憲法」講義にも対応する標準テキスト。重要判例を詳解し,重要語句を強調,参考文献・Web情報を付すなど,学習を深めるための工夫を凝らす。
宍戸常寿編〔〈18歳から〉シリーズ〕 # 18歳から考える人権〔第2版〕 B5判・106頁・2530円	人権によって私たちはどのように守られているのか? ヘイトスピーチ,生活保護,ブラック企業……人権問題を具体例から読み解く入門書。SDGs,フェイクニュース,コロナ禍の解雇・雇止めなど,人権に関わる最新テーマにも言及。
北村和生・佐伯彰洋・佐藤英世・高橋明男著 # 行 政 法 の 基 本〔第7版〕 —重要判例からのアプローチ— A5判・372頁・2970円	各種公務員試験受験者を念頭に重要判例から学説を整理した定番テキスト。最新法令・判例の追加を行うとともに,各章冒頭の導入部分や新聞記事,コラムなどを大幅に刷新し,行政法の現在の動向がわかるように工夫。
白藤博行・榊原秀訓・徳田博人・本多滝夫編著 # 地 方 自 治 法 と 住 民 —判例と政策— A5判・248頁・2750円	地方自治法と地方自治関連法の一般的・抽象的な理論の解説にとどまらず,判例をもとに行政領域ごとの政策課題を提示。学習課題や具体的判例・事例を掲げることで基礎知識の習得とともに,地方自治の政策立案力の涵養をめざす。

―― 法律文化社 ――

表示価格は消費税10%を含んだ価格です